도
전

김미희의 야권연대
7전 8기 이야기

도전

김미희 지음

도서출판 말

도서출판 **말**

도전
–김미희의 야권연대 7전 8기 이야기

2016년 1월 7일 초판 1쇄 발행

글쓴이 | 김미희
기획 진행 | 백승우

표지디자인 | 파피루스
편집 | 북스앤비
펴낸이 | 최진섭
펴낸곳 | 도서출판 말

출판신고 | 2012년 3월 22일 제 2013-000403호
주소 | 서울 마포구 토정로 222 한국출판협동조합 A동 208-2
전화 | 070-7165-7510
팩스 | 02-707-0903
전자우편 | dreamstarjs@gmail.com

ISBN 979-11-951906-8-3

* 값은 뒤표지에 있습니다.

기다림의 고통 속에서 피어난 연꽃처럼

공직선거 아홉 차례 출마

전남 목포에서 태어나 목포여고를 졸업하고 서울대 약대에 입학한 뒤 반독재 민주화 운동을 하다가 구속된 적이 있습니다. 1988년 성남시 중원구 성남동에서 야학을 만들어 교사 활동을 한 인연으로 약대 졸업 후 성남으로 와서 성남중앙병원에 들어갔습니다. 청년회활동을 하면서 몸이 아픈 사람에겐 약이 필요하지만 병든 사회에는 병든 정치를 고칠 사람이 필요하다는 것, 국민이 주인으로 나서도록 정치를 하는 사람이 필요하다는 것을 알게 되었습니다.

1997년 IMF 직후 실업자대책위, 방과후공부방, 건설노동자 무료취업센터를 운영하면서 보람을 느꼈습니다. 시민들과 함께 성남시립병원 설립 운동으로 일하다 남편이 구속된 적도 있었지만 흔들림 없이 시민들의 힘을 모은 지 10년 되는 2012년, 성남시립병원 건립의 첫 삽을 떴습니다.

1995년부터 시의원 연속 당선, 공직선거 최다(아홉 차례) 출마, 2006년과 2010년 성남시장 선거, 2012년 국회의원 당선, 국회의원직 박탈되고 2015년 4·29 재보궐선거 출마, 이처럼 끊임없이 도전하는 진보정치의 길을 걸을 수 있었던 비결은 언제나 다정하게 길을 알려주신 벗과 주민들을 만난 덕분입니다. 노동자, 농민, 서민들의 절망어린 한숨에서 진보정치의 과제를 찾았습니다. 억울한 누명과 모진 정치탄압에도 늘 주민 곁에서 진보정치를 일구며 묵묵히 한 길을 가고 있습니다. 이 책은 그 이야기의 일부입니다.

감동적인 야권연대 후보단일화의 길

원칙을 지키다가 쓰러지는 것, 패배나 굴복이라고 생각하지 않습니다. 지금 70~80년대 독재정권과 닮은 모습이 나타나고 있습니다. 국회의원의 말을 내란선동죄로 몰아 9년 형을 선고하고, 노동자를 대변하는 민주노총 위원장의 말을 '소요죄'로 처벌하려는 정권이 역사를 거꾸로 돌리려 합니다. 바른말을 하고 옳은 일을 하였다는 이유만으로 고소·고발을 당하고 엄청난 죄목으로 고초를 당하고 있습니다.

광란의 시대에 흔들림 없이 깨끗하고 정의롭게 사는 정치인의 길은 분명 비단길이 아닙니다. 정의의 깃발을 들고 가는 길, 남이 가지 않은 새로운 길, 가시밭길, 우회하지 않는 길, 시련과 난관의 길에서 늘 웃음을 잃지 않고 가는 이유는 함께 같은 길을 가는 사람들이 많기 때문입니다. 처음부터 있는 길은 없습니다. 사람이 다니면서부터 길이 생겼습니다.

민주주의도 평화도 인권도 위협을 받고 있습니다. 난세입니다. 독재로 회귀하는 정권을 막을 강한 야당이 없습니다. 집권세력이 진보개혁진영을 이간질하더라도 흩어지고 찢긴 힘을 다시 잘 모아내야 하지 않겠습니까?

2010년 지방선거 야권연대, 2012년 국회의원 선거 후보단일화, 그리고 2015년 재보궐선거 야권분열에서 교훈을 얻고 싶습니다. 야권이 단결하면 국민들이 힘을 실어주신다고 믿습니다.

2010년 성남시장 선거에서 진보정당의 경쟁력 있는 후보로 평가받았지만 지방권력 교체가 절박하다고 생각하여 과감히 결단하고 이재명 후보에게 단일후보를 양보했습니다.

이재명 시장후보와 나는 공동유세, 공동 선거운동을 하였습니다. 야권연대 합의에 따라 성남시를 바꿔나갈 공동 정책을 합의하고 발표하였습니다. 성남시장에 당선되면 공동정책의 세부 로드맵을 마련하여 실천하기로 약속했습니다. 당선 후 나는 이재명 시장 당선자 인수위원장이 되어 공동정책의 세부 로드맵을 마련하였습니다. 15일 동안 만든 정책 보고서는 약 3백 쪽 분량이었습니다.

진보적인 공동정책(성남시의료원, 무상교복, 공공산후조리원, 비정규직센터 등)이 실천되면서 전국에서 진보개혁을 갈망하던 시민들이 환호하였습니다. 절대적인 지지를 이재명 시장에게 보내고 있습니다. 2010년 성남시장 선거의 야권연대는 야권단결의 모범사례입니다.

당시 선거운동 과정에서 김미희, 이재명이 하나라는 의미를 시민들에게 보여주기 위해 어떻게 할 것인가 고민했습니다. 나는 수정구에서 시의원을 두 번 하고 진보정치를 일구어 와서 당시 여론조사 결과 수정구 지지율이 25% 이상 나오기도 하였습니다. 그때 이재명 시장 후보가 뜻밖의 제안을 하였습니다. "우리 손잡고 선거운동 합시다." 나도 흔쾌히 동의하였고, 같이 손잡고 다니면서 시민들에게 인사를 하면 좋은 입소문이 빠르게 퍼질 수 있다고 생각하였습니다.

진심이 아니면 할 수 없는 제안이었고, 시장권력을 교체하겠다는 절실함이 없다면 할 수 없는 행동이었습니다. 시민들은 환호했고 엄청난 기대와 희망을 가졌습니다. 시장 당선의 확신이 들었습니다.

전환점

1986년 4월 28일, 미래와 출세를 보장받았던 서울대생 두 사람은 왜 스스로 몸에 불을 붙였던 것일까? 그들이 몸을 불사르면서까지 지키고 싶었던 가치는 무엇이었을까? 여전히 스스로에게 물어보며 길을 가고 있습니다. 제 삶에 전환점을 준 사건은 1986년 '양키 용병 교육 전방 입소 거부 투쟁'을 벌였던 김세진, 이재호 열사의 분신입니다.

80년 5월 광주를 겪거나 그 소식을 전해 들은 사람들에게 전두환은 더 이상 대통령일 수 없었고, 신군부를 지원하고 두둔하는 미국 역시 자유민주주의의 수호자나 우방으로 인정할 수 없었습니다. 이러한 시대 상황을 인식하고 미국의 패권전략, 군사독재, 분단의 고

통 문제를 고민하던 학생들이 마침내 결연한 행동을 하였습니다. 김세진 열사는 5월 3일, 이재호 열사는 5월 26일 세상을 떠났습니다. 그들의 나이 모두 스물셋이었습니다. 열사들의 진실한 마음과 의지는 지금도 삶의 등대입니다. 1,288명이 구속된 애학투련 집회사건(건대항쟁)도 87년 6월항쟁의 거름이 되었다는 자부심을 가지고 있습니다.

진보정치의 승리를 생각하다

시련이 닥쳐도 희망이 있으면 이겨낼 수 있습니다. 그 희망은 진보정치를 만들어가는 사람들입니다. 세종과 정도전, 룰라의 리더십을 생각하면서 진보정치의 길을 성찰해 보았습니다. 이 책에 다 담지 못했지만 요지는 이렇습니다.

세종에게서 배우고 싶은 것은 소통 능력입니다. 소통은 단순히 말하고 듣는 데서 끝나지 않습니다. 소통의 궁극적인 목적은 헤아리는 것입니다. 세종은 반대하는 사람의 속마음까지 들을 수 있는 지도자였습니다. 초인적일 만큼 다른 사람의 말을 '참고 듣는 능력'이 있었다고 합니다. 정도전은 대중에게 현실을 바꾸는 청사진을 제시하고 정치권력을 준비하며 정치활동을 펼쳤습니다. 그는 높은 도덕성을 함께 가졌습니다.

브라질 대통령을 지낸 룰라의 삼바 리더십은 부자와 빈자를 함께 만족시키는 공감의 리더십입니다. "모든 사람과 이야기할 수 있는 사람이다, 돈이 많든 없든.", "아래에서 위까지 모든 계층을 아우를 수 있는 사람이다."《행복의 리더십》에 나오는 브라질 시민의 평가입니다. 룰라는 자신이 대통령 자리에 오를 수 있었던 이유가 '자신만이 아니라 수백만, 수천만 사람들의 염원에 항상 충실했기 때문'이라고 말합니다. 모든 업적의 공은 초등학교밖에 나오지 않은 자신을 대통령으로 뽑아준 국민에게 돌아가야 한다고 말했습니다. 룰라는 자신이 아무것도 모른다고 생각하면서 현장을 찾고 정보를 모으며 대화를 나누었습니다. 꿈과 바람을 이루기 위해 내 편이든 네 편이든 상관없이 만나고 대화하기를 두려워하지 않았습니다.

이 책에서는 2010년부터 2015년까지 세 차례 선거 경험의 일부를 적었습니다. 2012년 국회의원 선거에서는 야권연대를 성사시켜 승리했습니다. 야권연대 단일후보로 당선되었으나 헌법재판소의 부당한 판결로 의정활동을 다 마치지는 못했습니다. 때로는 고통과 번뇌가 앞서고 때로는 기쁨이 다가온 시간이었습니다.

2012년 야권 단일후보가 된 때부터 시련과 고난은 언제나 옆에 달고 살았습니다. 2015년 재보궐선거 부분은 진보정치인의 진심을 알리려고 썼습니다. 감동적인 야권연대에서 보여준 수많은 사람들의 진심 어린 행동과 역할을 세심하게 다 다루지는 못했습니다. 야권이 지리멸렬한 지금, 당시 야권연대의 감동을 되돌아보고 저부터 성찰하는 의미에서 썼습니다.

분열이 아닌 단결을 위해

부드러움이 강함을 이깁니다. 부드럽고 약한 풀은 바람에 흔들릴지언정 부러지지 않습니다. 야권연대와 후보단일화는 기다림의 고통 속에서 피어난 연꽃이었습니다.

민주진보개혁세력의 힘은 멈추지 않고 전진했습니다. 물은 흘러가다 웅덩이를 만나면 가득 찰 때까지 참고 기다립니다. 고통의 시간이 지나니 많은 변화가 생기고 있습니다. 어려울수록 낮은 곳으로 흘러가는 물에서 배웁니다.

진보 정치인으로 살아온 시간의 일부분을 정리했습니다. 틈틈이 기록하고 정리하기도 했지만 기억에 의존하기도 했습니다. 절박한 마음으로 썼습니다. 분열이 아닌 단결을 만들어가는 길에 이 글이 보탬이 되길 바랍니다.

저의 정치 인생 20년 중 6년의 기록에서 승리 경험을 쓰게 해주신 모든 분에게 깊이 감사드립니다. 실패한 역사에서도 교훈을 얻어 앞으로 국민의 염원을 실현하고 싶습니다.

2016년 1월 추운 겨울, 양심수를 생각하며

김미희 올림

차 례

두 걸음 2012년 성남시 첫 여성 국회의원 당선의 역사

세 걸음 2015년 4·29 보궐선거는 '절반의 승리'

한 걸음

2010년 김미희·이재명의
야권연대와 승리

표를 구할 때의
마음을 잊지 마라!

시장권력 교체는 연합정치의 승리

시민이 주인인 시대의 개막

2010년 경인년, 백호의 기운으로 활기차게 시작하기 위해 성남시민들은 영하의 추운 날씨이지만 남한산성 수어장대에 올라 해돋이 행사를 열었다. 새벽부터 해돋이를 보기 위한 산행을 매년 1월 1일 남한산성에서 20년 넘게 해왔다.

제왕의 기운을 담고 있다는 경인년 백호의 해가 힘차게 솟아올랐다. 올해 무언가 좋은 일이 있을 것 같은 예감이 들었다. 호화 시청사 문제와 성남·광주·하남 졸속 통합 문제, 그리고 성남시 재정의 파탄 위기, 민생 문제 등 성남시 전반에 몰아닥친 문제들이 잘 해결되길 바라는 마음은 야권을 지지하는 모든 사람이 한결같았다.

남한산성은 역사적으로 우리 민족의 운명이 갈린 영욕의 장소이기도 하지만 성남의 역사와 함께한 현장이기도 하다. 성남참여연대,

성남환경운동연합, 성남평화연대 소속 단체 회원들, 그리고 민주당과 민주노동당 당원들이 함께 '성남·광주·하남 졸속 통합 결사반대'가 적힌 가슴판을 두르고 체감온도 영하 20도가 넘는 강추위에도 아랑곳하지 않고 산행을 하였다.

민선5기가 야권에 의해 교체되고 성남시민에게 새로운 희망을 주는 해가 되길 바라는 마음이 모아졌다. 민선 3기와 4기, 지난 8년간의 경험을 통해 새로운 지방권력의 필요성을 절감했고, 올해 지방선거에서 새로운 바람을 기대했다.

2010년은 지방선거가 있는 해. 초권력을 행사해온 성남시장의 권력을 시민에게 돌려줄 절호의 기회였다. 야권 정치인들과 시민사회단체 활동가들, 그리고 많은 양심적인 시민의 의지와 염원이 어느 때보다 높았다.

당시 이재명 민주당 부대변인은 "4대강 훼손 같은 못된 일을 하는 정치세력을 몰아내고 시민이 주인 되는 사회를 2010년에 만들도록 노력하겠다."고 밝혔다. 나는 "2010년 지방선거에서 진보개혁세력이 하나로 단결하여 성남시민과 국민에게 승리의 기쁨을 드리자."고 호소했다. 2010년 지방선거 성남시장 후보 출마가 확실한 이재명 민주당 부대변인과 나는 지방권력 교체의 뜻이 같음을 확인하고 경인년 새벽에 결의를 모았다. 이제 시작의 첫발을 내디딘 것이다.

민선4기 시 집행부의 시정 운영으로 시련을 겪은 각 단체와 대책위는 저마다 포부를 다지면서 '선거에서 승리하여 대표선수를 교체하는 것만이 지역 과제를 해결하는 지름길'임을 확인하고 열심히 뛸 것을 다짐하였다. 성남시립병원 건립, 1공단 공원화, 졸속 통합 저지, 삶의 질 높이기 등을 위해 이번에 반드시 힘을 모아내야 한다는 분위기가 어느 때보다도 높았다.

권력교체로 서민의 눈물 닦아줘야

2010년 1월 용산 참사 철거민 민중열사 범국민장에 다녀왔다. 용산 철거민들이 세상에 일깨운 것은 뉴타운 재개발의 실체이다. 번듯한 아파트 단지가 들어서는 자리에는 어김없이 쫓겨나는 주민들의 한과 눈물, 피땀이 서려 있다.

성남시세입자협의회 회원들은 범국민장에 다녀온 뒤 MB정권의 '사람 잡는 재개발 정책'에 하나같이 분노하였다. 눈 오는 날 언덕길을 오를 때 한숨 쉬고 다시 올라야 하는 동네지만 더 좋은 곳을 찾아 떠날 돈이 없는 주민들이었다.

이번 지방선거는 재개발 때문에 자신이 살던 터전을 두고 떠나야 하는 집주인과 세입자에게도 중요한 선거였다. 2009년 12월 성남시는 토지주택공사에서 제출한 금광1구역, 중1구역, 신흥2구역에 대한 재개발사업 시행인가를 고시하였다. 당시 성남시는 공람공고 과정에서 "임대주택과 주거 이전비 보상 대상자에서 누락되어 있다."고 이의제기한 세입자들에게 "보상 대상자는 사업시행자가 판단할 사항으로 지금은 누락 여부를 판단할 수 없다."고 답변하였다. 사업시행 계획 단계에서부터 세입자의 권리를 보장할 뜻이 없음을 명백하게 드러냈다.

사업시행 인가 전에 권리 여부를 판단해야 계획이 확정될 수 있

2012년 8월 성남시 중원구 은행2동 주거환경개선사업지구 철거 현장을 순회하는 김미희 의원.

다. 유례 없이 큰 규모의 도시정비사업을 진행하는 토지주택공사에
서 세입자의 권리를 대놓고 무시하고 침해하는데도 성남시는 아무런
대책 없이 묵인하고 있었다. 민간개발이 아닌 공영개발이기 때문에
도시 서민에게 더 유리하게 진행될 것이라는 기대와 달리 토지주택
공사와 성남시는 '여전히 세입자에게 고통을 주는 재개발'로 시련을
예고하였다. 지방선거에서 야권이 이겨야 하는 까닭은 권력교체 이
전에 서민의 눈물을 닦아줄 유일한 방안이기 때문이다.

김창호 전 국정홍보처장 출마 시사

2010년 6월 2일 지방선거를 4개월쯤 앞두고 김창호 전 국정홍보
처장이 2월 기자간담회를 갖고 자신의 최근 행적과 성남시장 출마

배경, 현 시국을 바라보는 자신의 입장 등을 밝히면서 "성남시장 선거 출마를 신중히 고민하고 있다."고 말했다. 그는 "성남 지역 정치권의 어른들과 젊은 세대들, 그리고 시민운동하는 분들이 찾아와서 출마를 권유하기에 고민 중"이라고 했다.

김 처장은 "노무현 대통령 재임 때 핵심 역할을 하던 중 지역정치가 바로 서야 올바른 정치가 가능하다고 판단했기에 성남시장 선거를 출마하게 되었다."고 말했다. 또한 그는 당적과 세대를 초월해 범야권 단일후보로 나설 뜻을 분명히 말했다. 성남의 단일화 논의에서 어떠한 결정을 하더라도 수용하겠다는 입장을 밝혔다.

당시 중앙에서는 야권과 시민사회단체가 '4+5' 회의를 통해 야권의 힘을 모으는 방안을 논의하고 있었다. '4+5' 회의는 희망과대안, 2010연대, 민주통합시민행동, 시민주권모임 등 4개 시민사회단체와 민주당, 민주노동당, 창조한국당, 진보신당, 국민참여당 등 5개 야당이 모여 2010년 1월 12일 출범한 지방선거 연대기구이다.

성남 지역에서는 야당과 시민사회진영이 성남시장 범야권 단일후보를 준비하기 위한 예비모임을 진행했으며, 야권 후보로 거론되고 있는 나(민주노동당 후보)를 포함하여 이재명 민주당 부대변인, 조성준 중원지역위원장 등을 물밑 접촉하고 개별 인터뷰하였다.

김미희, 성남시장 후보 적합도 오차범위 경합 구도

6월 성남시장 선거는 '대혼전' 양상이었다. 6월 2일 실시되는 제5회 전국동시지방선거를 백여 일 앞두고 실시된 여론조사결과 민선5

기 성남시를 이끌어갈 성남시장 후보군의 적합도를 알아본 결과, 오차범위 안에서 경합을 벌였다.

〈성남투데이〉가 여론조사기관 와이드리서치에 의뢰한 여론조사 결과, 민선5기 성남시장 후보 적합도는 이재명 후보가 15.85%로 다소 앞선 것으로 나타났다. 새누리당 후보로 출마설이 거론되는 황준기 후보의 경우 3.56%의 낮은 지지도를 보였다. 그 밖에 서효원 후보 14.07%, 이대엽 후보 11.44%, 조성준 후보 10.69%, 김미희 후보 10.04%, 양인권 후보 9.10%로 조사됐다. 뚜렷한 선두주자 없이 오차범위 안 혼전 양상을 보였다.

민주노동당 지지율이 3%대를 유지하는데 나는 성남시장 후보 적합도에서 비교적 높은 지지율이 나와 야권 단일후보로 나서면 당선도 가능하다는 희망을 갖게 되었다. 지난 7년간 지방의원으로 활동했고, 도의원 선거와 국회의원 선거, 2006년 성남시장 선거에 출마했기에 높은 인지도와 깨끗한 인물이라는 이미지가 후보 경쟁력을 높인 것으로 분석했다.

동지적 관계

보통 정치인은 선거 출마 직전에 자신의 삶과 정치적 견해를 알리고 세몰이를 하기 위해 출판기념회를 연다. 민주당 이재명 성남시장 예비후보가 매니페스토 정책 선거를 치르기 위해 기초단체장 후보로는 전국 최초로 정책공약집을 발간하고, 성남시민회관 대강당에서 《고난을 통해 희망을 만들다》는 제목의 정책공약집 출판기념회를 열었다. 정책 선거를 선도하는 후보라는 이미지가 선거 전망을 밝게 하는 것 같았다.

이날 출판기념회에는 야권통합과 연대를 주장하는 시민사회단체 대표들도 참석하고 성남시민 2천여 명이 참석한 가운데 민주당의 김민석 최고위원과 천정배, 이종걸, 원혜영, 문학진, 최재성 의원, 양승조 충남도당위원장 등 민주당 지도부가 대거 참석했다.

나도 이날 출판기념회에 참석했다. 지방권력 교체를 목표로 하는 야권연대와 후보단일화를 위한 발걸음이었다. 민주노동당 성남시장 예비후보로서 당당하게 겨루자는 심정으로 참석하였다.

이재명 변호사는 1976년부터 성남공단 노동자로 일하다 어렵사리 사법고시에 합격했다. 그는 인권운동, 시민운동 과정에서 시민들과 함께 뿌린 희망의 씨앗이 싹트고 열매 맺을 수 있게 해달라고 호소했다.

나는 중도야당이 아닌 진보정당의 길을 걸어왔고, 진보집권시대를 열기 위해 밑에서부터 차근차근 정치의 길, 운동의 길을 걸어왔다. 다른 386 정치인처럼 조금 더 쉬운 길을 선택할 수도 있었지만 노동자, 농민이 주인 되는 정당, 통일시대를 활짝 여는 정당과 함께 가는 길을 택했다. 야권 단일후보가 되어 성남시장이 될 수 있다는 기대와 희망을 가지고 있었다. 야권 단일후보를 결정하기 위한 경선 방식이 여론조사라 하더라도 전략을 가지고 최선을 다하면 이길 수도 있다고 생각했다.

나는 대장동저유소 반대운동, 1공단 부지 공원화운동, 시립병원 설립운동을 할 때 이재명 변호사를 만났다. 2006년 지방선거에서 확인했듯이, 야권이 단결하여 단일후보를 내지 않으면 새누리당 집권 상태에서 성남시장 당선은 어렵다는 것을 잘 알고 있었다.

독자 출마 최후통첩

6월 지방선거를 두 달쯤 남겨두고 한나라당과 민주당 등 정당별 성남시장 후보 공천심사위원회가 활동하는 가운데 예비후보자 사이에 물밑 경쟁과 신경전이 치열하게 전개되었다. 나는 지방선거에서 이명박 정권과 한나라당 심판에 대한 민주진보개혁세력과 다수 국민의 요구로 시작된 '5+4 회담'이 진보신당의 협상 이탈과 민주당의 추인 보류로 심각한 위기를 맞고 있다고 판단하여 3월 30일 오후 출마 기자회견을 통해 범야권 단일후보 협상을 공식 제안하였다.

각종 여론조사에서 나타났듯이 야권 후보단일화에 대한 국민의 기대가 매우 컸다. 특히 경기도와 같이 광역단체장에서 기초단체장, 도의원, 시의원에 이르기까지 한나라당이 독차지하고 있는 지역에서는 야권 후보들의 연대 연합은 정책 연대와 함께 반드시 이루어져야 할 핵심 과제라고 생각했다. 단지 범야권 단일후보로 내가 되어야 하는가 아니면 다른 야권 후보가 되어야 하는가의 문제가 아니었다. 야권 후보들의 연대연합을 통해 당시 지방권력을 잡고 있는 한나라당을 심판하는 전선을 만드는 게 급선무라 생각했다.

민주당의 자당 이기주의와 시간 끌기로 인해 반MB 연대연합이 좌초의 위기에 직면했다. 더는 미룰 시간이 없다는 절박함에 민주당의 결단을 촉구했다. 반MB 선거연대는 물리적으로 불가능하며 협상이 최종 무산된다면 이에 대한 전적인 책임은 3월 16일 합의문 추인을 거부한 민주당이 져야 했다. 그럴 경우 경기도지사부터 기초의원에 이르기까지 독자적으로 6월 지방선거에 임할 것이라고 최후통첩장을 날렸다.

사람 중심의 진보 시장

야권연대가 지지부진해지고 지방권력 교체의 흐름은 잠시 정지되는 듯 보였다. 지역의 야권 정치인과 시민사회단체 지도자들의 열망만으로는 쉽게 성사될 수 없는 중앙의 야권연대 협상 분위기가 있었다.

나는 성남시의회 1층 시민개방회의실에서 기자회견을 열고 "이명박 정권과 한나라당을 심판하고 사람 중심의 성남시를 만들겠다."며 출사표를 던졌다. 진보의 아이콘으로 떠오른 이정희 국회의원과 안동섭 경기도지사 예비후보를 비롯한 6월 지방선거 성남 지역 예비후보자들이 함께 참가했다. 이 자리에서 "이명박 독재정권 2년, 서민들의 삶과 복지가 나아지기는커녕 사회 양극화는 심화되고, 대한민국의 국가재정과 지방재정은 파산으로 이어지고 있다."고 현 정권을 비판하고, "한나라당 일당독재 성남시에서 풀뿌리 민주주의 원리인 참여와 견제는 사라지고 부정부패와 독선과 전횡, 오만이 도를 넘어서고 있다."고 시 정부도 함께 비판했다.

민선 3기, 4기 시 정부는 시민들이 원하는 정책에는 관심도 없었다. 그 많은 지방재정이 도대체 어디에 쓰이고 있는지조차 알 수 없었다. 측근 정치와 주변 친척들의 권력 행사는 시민들이 염증을 느끼기에 충분했다. 야권만 단결하면 이번엔 지방권력을 교체할 수 있다고 보았다.

사람 중심의 성남을 만드는 '진보 성남시장'이 되겠다는 의미는 성남시정을 개혁하여 주민이 시정에 참여하고 결정하며, 주민이 주인인 지방자치 실현을 성남시정의 기본방향으로 삼아 진보적 정책이 실현되는 성남, 이사 오고 싶은 성남을 만들겠다는 메시지였다. 무상 복지, 주거권 보장, 공공의료, 혁신 교육 등 진보적인 정책이 성남에서 실현된다면 진보정당 정책이 전국으로 확산되는 효과를 통해 복지와 진보 가치는 확장될 것이라고 생각했다.

한나라당 일당독재 지방정부를 심판하는 길은 모든 민주진보개혁세력이 단결하고 연대하는 것뿐이라 범야권 단일후보 추진을 촉구했다. 국민적 요구인 MB 심판을 위한 야권연대가 실현되지 않는다면 더 이상 협상에 얽매이지 않고, 이명박 정권과 한나라당 심판을 위해 끝까지 완주할 생각이었다. 독자 후보로 완주한다고 해도 진보정당 시장 후보로 꽤 의미 있는 득표를 할 수 있다는 자신감도 있었다. 2006년 성남시장 후보로 출마를 할 때는 준비 부족으로 자신감과 확신이 없었다. 그러나 2010년 성남시장 선거에서는 야권 단일후보가 되어 당시 한나라당 후보와 맞짱을 떠도 승리할 수 있다는 자신감이 있었고, 그런 결과를 예측하는 여론조사가 돌기도 했다.

이제 시대정신이 변화하고 있었다. 시민들의 생각과 의식도 변화하고 있음이 곳곳에서 감지되었다. '시민이 참여하고 주인인 지방자치'의 새로운 모범과 비전을 창출하여 성남을 '서민 행복 성남특별

선거운동 기간에 성남시민 축구대회에서 시민들과 편안하게
이야기를 나누는 김미희 후보.

시', '대한민국 삶의 질 1위 도시', 가장 모범적인 '진보 복지 도시'로
만들 자신이 있었다.

　먼저 준비된 주요 핵심 공약을 발표했다. △사회공공서비스 인력
지원센터 설립 및 사회안전망 구축 △공공임대주택 20% 쿼터제 시
행 및 개발권 공유제 도입 △성남시 전체 동에 푸른교육센터, 어린이
도서관 설립 △시립병원, 노인치매 병원 설립 △성남시 호화청사 시
민개방 등 일자리, 주택, 교육, 의료, 복지 5대 분야의 핵심 공약이
었다.

　성남시 호화청사 공간을 시민을 위한 공간으로 전환하고, 1공단
공원화, 위례신도시 문제 해결, 분당 교통문제 해결, 판교 시설투자
등 각 분야의 사안들을 해결하고자 미리 구상하고 있었다. 호화청

사와 1공단 공원화 문제는 시민들을 위한 공간으로 만들기 위한 대안을 마련하고 조속히 추진하고자 했다.

기자들의 관심은 야권연대와 후보 양보

지역 기자들의 관심은 정책보다는 오직 야권연대 성사 여부였다. 야권 단일후보를 누구로 하느냐가 최대 관심사였다. 당시 한나라당을 이기기 위해서는 야권연대 전략 외에 다른 방도는 없었다. 한나라당, 민주당, 민주노동당 지지 구도가 45 : 35 : 15의 구도를 벗어나기 힘들기 때문이다.

'범야권단일화 추진을 위한 야권연대가 깨진 거냐?'는 기자들의 질문에 나는 "중앙의 '5+4' 합의문에 충실해서 지역에서도 공동의 정책합의에 이어 실무협상을 진행해 왔으나 뚜렷한 성과를 보지 못했다."며 "전국적 합의도 중요하고 지역 내 모든 정치세력과 대화하고 협력해 성남의 정권교체와 MB 심판 위한 야권연대 연합을 위해 헌신하겠다."고 밝혔다.

이재명 민주당 후보로의 단일화가 되지 않으면 선거의 승리가 어렵다는 모 언론사 기자의 말에 대해서 나는 "진실이다. 누구나 다 아는 사실이다."라고 답변하였다. 이재명 후보가 나보다 야권 단일후보 경쟁력이 더 낫다는 여론조사나 데이터는 아직 나오지 않았다. 나는 '민주노동당 후보로의 단일화를 원한다고 직설적으로 말했어야 했는데…' 하는 후회도 약간 들었다.

바로 기자들은 '후보단일화를 위한 구체적인 양보'에 대해서 물었다. "민주당을 비롯한 실무협상 회의팀에게 논의와 합의 시간이 필요하다."고 여지를 남기는 발언을 했다. 후보경쟁력의 차이가 아닌 당 지지율 35%와 3%의 차이를 극복하지 못하는 소심하고 수동적인 답변이었다. 정당의 벽을 이번만큼 크게 느껴본 적이 없었다.

야권연대 시한을 정해 두고 야권 단일후보 추진을 촉구하는 기자회견을 한 이유는 각 정당이 이미 내부적으로 후보 선출과 공천 과정을 마치고 있는 상황이기 때문이다. 그 이후로 넘어가면 연합 후보 조절 논의는 사실상 불가능하며, 6월 지방선거에 대응하기에는 시기가 다소 늦었다고 보았다. 누가 야권 단일후보가 되든 시간이 촉박했다.

봉국사 결의대회

6월 2일 실시되는 지방선거를 불과 60일 남겨두고 전국 각지에서 반한나라당 연대연합이 가시화됐지만, 성남 지역의 경우 지지부진한 답보 상태가 지속되었다. 이러한 가운데 성남평화연대(공동대표 장건, 양요순, 윤병일, 임인출)가 반한나라당 연대연합을 촉구하는 특별결의문을 채택했다.

성남평화연대는 3월 31일 봉국사에서 2010년 출범식을 했는데, 6월 지방선거에서 승리하기 위해 반한나라당 연대연합을 촉구하는 특별결의문을 채택했다. 성남평화연대는 6·2 지방선거는 한나라당 시 정부의 일당 독주로 자행된 초호화 청사 건립, 일방적 통합시 강행 추진, 시립병원 설립 무산 등 수많은 파행적 정책을 바로잡을 수 있는 절호의 기회라고 보았다.

성남평화연대는 이미 2월 종교시민사회단체와 함께 민주당, 민주노동당, 국민참여당, 진보신당과 논의해 민주개혁평화를 위한 공동실천의 전통을 계승하여 '2010 지방선거 승리를 위한 성남 지역 야4당 공동선언'과 함께 공동협력의 약속을 이끌어냈다. 야권 후보의 공동승리를 위해 노력하기로 성남시민 앞에서 이미 선언을 했다.

이러한 흐름의 연장선에서 6월 지방선거에서 야권 후보의 공동승리를 이루어내기 위해 '6·2 지방선거 승리와 지방자치실현을 위한 새바람성남시민회의(상임대표 효림, 공동대표 장건, 하동근, 이덕수, 나승주, 김은주, 하성주)'가 구성되었고, 새바람성남시민회의가 야4당과 정치협상을 본격적으로 시작했다. 그러나 성남 지역 '4+1' 회의는 본격적인 논의도 시작하기 전에 민주당의 협상중단 선언으로 단 한 걸음도 전진하지 못했다.

민주당은 중앙당 차원의 선거연합에 대한 합의가 있기 전에는 성남 지역 차원의 정치협상을 할 수 없다며 성남 지역 '4+1' 회의를 공전시켰다. 그리고 중앙 협상 결과만을 기다렸다. 성남시민의 절절한 요구를 외면하는 무책임한 행태였다. 성남 지역 제1야당으로서 눈앞의 당리와 기득권에 얽매여 소탐대실의 우를 범하고 있었다. 조속히 정치연합의 틀을 복원하고 진정성 있는 자세로 정치협상에 나서야 했다.

당시 이재명 민주당 성남시장 예비후보도 성남평화연대 출범식에 참석해 성남 지역을 위해 힘겹게 싸워온 사람들의 간절한 바람이 이루어질 수 있도록, 시민들이 원하는 방향으로 연대연합이 성사되도록 노력할 것이라고 이야기했다. 야권연대로 힘을 뭉친 구도로 싸워야 지방권력 교체가 가능하다는 것을 잘 알고 있었다.

중앙 상층단위의 선거연합도 중요하지만 선거연합을 위한 시민들의 촉구운동, 지역차원의 국민주권운동, 유권자 운동 등 다양한 대중 활동이 절대적으로 필요한 시기였다. 상층의 복잡한 계산 속에서 진행하는 선거연합을 성사시키기 위해서라도 시민들과 함께할 수 있는 연대조직을 통해 국민주권 운동을 제대로 펼쳐야 했다. 국민이 주도권을 가지고 나가면서 정치협상이 안 되면 개문발차도 해가면서 지방선거 승리를 만들어 나가야겠다고 생각했다.

지지율 23% 후보의 고민

4월 15일 전후까지 후보단일화를 추진해야 했다. 민주당이 지역 정서를 무시하고, 선거연합을 저해하는 행위를 하면 책임을 묻겠다는 시민사회단체의 경고가 이어졌다.

6·2 지방선거와 관련 성남 지역은 야당이 연합하여 단일후보를 내지 않고서는 결코 승리를 장담할 수 없었다. 특히 성남시장 후보로서 나의 지지율은 15~23% 안팎의 고정지지율을 보이고 있어 반드시 연대해야만 하는 상황이었다. 반한나라당 야권 단일후보만이 필승 카드인 것이다.

나는 성남시장 선거에서 제 민주진보개혁세력과 연대하고 단결하여 이명박 정권, 한나라당 일당독재 지방정부를 심판하겠다고 연일 주장했다. 민주당을 비롯해 제 정당, 사회단체가 연대연합을 통한 범야권 단일후보 추진에 나설 것을 촉구했다. 제1야당인 민주당이 적극 나서야 되는 정치 상황에서 내가 먼저 나서는 거꾸로 된 정치상황이 연출되었다. 민주당의 기득권과 욕심이 가장 큰 문제였다. 손에 쥔 떡을 조금도 놓지 않으려는 행태를 지속하고 있었다.

민주당은 시민공천배심원제로 이재명, 김창호 후보의 경선을 하기로 결정했다. 공정하고 합리적인 경쟁을 통해 민주당 시장후보가 잡음 없이 결정되어야 나와 후보단일화 협상 논의가 가능했다. 김창호 후보의 경선일정 연기 주장은 인지도를 높이고 시간을 끌기 위한 전략이어서 야권의 연대를 위한 일정으로는 어려운 주장이었다.

김창호 예비후보가 참여정부 국정홍보처장을 지내기는 했지만 지역활동이 부족하고 인지도가 낮아서 한나라당 이대엽 시장과 민주노동당 김미희와의 3자대결에서도 졌다. 여론조사 결과 야당 후보단일화의 경우에도 이재명 예비후보는 한나라당 황준기 후보를 이기지만 김창호 예비후보는 지는 것으로 드러났다.

박빙의 승부

지역 언론 〈굿타임즈〉는 2010년 4월 6일, 제5회 전국 동시 지방선거를 57일 앞두고 실시한 민선5기 성남시장의 후보 적합도를 알아보는 2차 여론조사에서 민선5기 성남시를 이끌어갈 성남시장 후보군의 적합도는 민주당 이재명 예비후보가 황준기 후보와 단일 대결에서 9.6%, 3자 구도에서 현임 이대엽 성남시장을 8.9% 앞서는 것으로 나타났다.

여론조사기관인 유앤미리서치에 의뢰하여 조사한 바, 1차 여론조사 결과 한나라당의 1위를 차지했던 이대엽과 이재명, 김미희의 3파전에서는 이대엽이 29.6%, 이재명 38.5%, 김미희 15.2%의 양상을 보였다. 그러나 이재명이 김창호로 바뀌자 이대엽 30.5%, 김창호 23.8%, 김미희 22.7%의 결과를 보여 김창호의 이탈표가 민주노동당을 지지(7.5%P)하거나 부동층(6.3%P)으로 남게 됨을 보여주었다. 한나라당 후보가 난립하여 결집하지 못한 가운데 본선에서는 박빙의 승부가 예상되는 여론조사 결과이다.

범야권 단일후보를 결정하는 절차가 있는 상황에서 민주당 경선을 둘러싼 갈등과 내분이 큰 문제였다. 범야권과 시민단체의 단합으로 극복해야 하는 상황인 셈이다.

무상의료 실현의 열망

3월 30일 나는 성남시장 출마선언을 통해 "일자리, 주택, 교육, 의료, 복지 분야의 5대 핵심 공약을 실현하겠다."고 발표했다. 그리고 '무상급식 열풍의 시작에 이어 무상의료 실현'을 내세우면서 보건의료 공약을 제시했다. 성남에서부터 무상의료실현과 서민의 의료 공공성을 확대하고 싶었다.

강북 지역의 사망률이 강남보다 높고, 건강취약 지역은 수도권보다 비수도권에 집중되어 있다. 가난한 사람의 암 발생률이 부유한 사람보다 2배나 높고, 소득에 따른 의료비 지출의 격차가 갈수록 늘어나고 있는 등 건강불평등은 우리 사회가 풀어야 할 중대한 과제였다. 보건의료인으로서 정치영역에서 이 문제를 반드시 풀어내고 싶

2013년 11월 14일 성남시의료원 건립기공식에 참석해 축사를 하는 김미희 전 의원.
김미희 전 의원은 성남시립병원설립추진위원회 고문으로 활동했다.

었다. △성남시립병원 개원 △동별 보건지소 설립을 통한 가족 주치
의제 도입 △노인 치매병원 설립 △무상예방접종 전액지원 실시 △
저소득 계층에 대한 의료비 지원 강화 △STOP 아토피 등은 성남에
서부터 모범적으로 정책을 실천하고 전국으로 확산하는 계기로 삼고
싶었다.

성남시장 직속에 보건의료 공급자, 시민 대표, 공무원, 보건의료
정책전문가로 자문위원회를 구성하여 성남의 건강 불평등 해소와
건강 향상을 위한 '중장기 종합계획안'을 마련했다. 이 계획안에서 5
백 병상 규모의 공공병원(시립병원)을 조기 완공하여 성남시민에게
치료, 예방, 요양, 응급의료 등 포괄적인 서비스를 제공하고, 지역
의료체계를 공공적으로 재편하는 공약을 제시했다. 이는 빈 공약이

아니라 실현 가능한 정책공약이었다. 진보정책 전문가들이 꾸준히 연구하여 마련한 준비된 정책이었다. 야권 단일후보로 결정되어 성남시장이 된다면 가장 중요한 역점사업으로 추진하겠지만, 야권 단일후보가 안 되더라도 공동정책협약을 통해 반드시 실현시켜야 할 나의 대표 공약이었다.

'좋은 후보' 선정

6·2 경기지방자치희망연대가 2010년 경기도의회 브리핑룸에서 기자회견을 갖고 민주노동당 성남시장 예비후보인 나를 지방선거 출마예정자 중 '좋은 후보'로 선정 발표했다.

경기지방자치희망연대는 "100인 위원회에서 심사를 진행해 도덕성, 정책 전문성, 직무수행 능력, 민주개혁성, 지역사회 기여도를 중심으로 평가하여 성남시정을 이끌 우수한 지방자치단체장 후보로 인정되어 선정, 발표한다."고 했다.

지방자치단체장 후보로 도덕성에 문제가 없으며, 연대의 가치와 시민이 주체가 되는 참여민주주의 이념을 실현하는 데 구체적인 정책과 실현 방도를 가지고 있는 준비된 후보임이 입증된 것이다.

나는 민주, 인권, 평등, 복지, 생태, 평화의 가치와 정책을 실현할 준비된 후보이다. 시민이 참여하고 주인 되는 참여민주주의와 시민들의 삶의 질을 향상시킬 수 있는 '좋은 후보'로 인정받은 만큼 반드시 '진보 성남시장'으로 당선되어 민주주의를 지켜내고 시민이 지역 정치의 주인이 되는 새로운 희망을 실현하기 위해 힘쓸 것이라고 '좋은 후보' 선정 소감을 밝혔다.

2009년 9월 희망제작소(상임이사 박원순) 좋은시장학교를 수료한 것은 시장직에 도전하는 데 큰 도움이 되었다. 신뢰받는 리더가 되기 위해 한발 앞서 공부하고 준비하려 노력했다. 희망의 씨앗을 키우는 지역사회의 창조적 리더로 더 멀리, 더 높이 도약하려는 다짐은 지금도 변함없다. 좋은시장학교를 수료하면서 받은 '십계명'을 다시 한 번 새겨본다.

좋은 지역리더가 되기 위한 십계명

* 청렴하면 탈이 없다. 돈 알기를 돌같이 하라!
* 사람이 일을 한다. 널리 인재를 구하라!
* 리더가 공부하는 만큼 지역은 발전한다. 더 배우고 나누어라!
* 잘 설계된 지역청사진 10년을 좌우한다. 계승과 혁신의 관점에서 검토하라!
* 차별화가 경쟁력이다. 달리 보고 거꾸로 생각하라!
* 겸손이 최고의 미덕이다. 표를 구할 때의 마음을 잊지 말라!
* 지역언론과 시민단체는 시정의 동반자이다. 민관협력의 장을 구축하라!
* 주민참여가 지역발전의 원동력이다. 시민제안, 창안활동을 활성화하라!
* 미래는 준비하는 자의 것이다. 사회변화의 흐름을 통찰하라!
* 다음 단계는 하늘이 대비한다. 진인사대천명하라!

희망제작소 상임이사   3기 좋은시장학교

2010년 지방선거 성남시장 야권연대 단일후보 선정 기자 회견을 성남시의회 로비에서 하고 있는 김미희 후보와 이재명 후보가 양손을 들어 지지자들에게 인사하고 있다.

야권연대가 핵심 변수

선거일을 불과 30일 남겨두고 각 당의 성남시장 후보들이 중앙당의 인준을 받고 공식 후보로 확정되면서 지방선거 열기가 서서히 달아올랐다. 민주당 이재명 후보는 성남시장 후보로 공식 확정이 됨에 따라 본격적인 선거운동을 10여 일 남겨둔 상황에서 내부정리와 함께 당내 후보군 화합과 범야권 후보단일화 등 해결해야 할 당면과제에 집중했다. 범야권 단일후보를 어떻게 누구로 결정하는지가 과제로 남았다.

이재명 민주당 후보는 당내 마찰을 극복하고 화합을 하는 한편 범야권 단일후보 성사라는 두 마리 토끼를 잡아야 하는 상황에 놓였다. 일단 나는 범야권 단일후보 추진에 적극적이지만, 중앙의 범야권 단일후보 논의가 무산된 이후 지역의 실정에 맞게 자율적인 협상을 하는 권한을 넘겨받은 상황이었다.

지방선거에서 '반MB-야권연대'가 성사되지 않으면 선거 결과는 불 보듯 뻔한 상황이었다. 선거 패배에 대한 책임론에서 자유로울 수 없다는 판단 아래 선거 막판까지 범야권 성남시장 단일후보 성사에 대한 희망의 끈을 놓지 않으려는 것이 야권의 공식적인 입장이었다. 그래서 막판 변수에 대한 기대감도 저버릴 수 없었다.

민주노동당은 한 달 남은 시점에서 성남시 대의원대회를 통해 성남시장 후보를 비롯해 시도의원 후보를 확정했다. 본격적인 선거운동에 들어가면서 범야권 단일후보 성사를 위한 노력은 계속해서 이어 나가기로 했다.

2006년 지방선거는 야권의 힘을 합쳐도 한나라당 시장후보를 이길 수 없는 객관적 상황이었다. 지역의 정치적 상황을 역동적으로 만들기 위한 정치활동과 야권연대 전선이 준비되었다면 판세를 뒤집을 상황이 발생할 수도 있었다. 하지만 당시는 정책연대에 머물러 있었고, 그것도 후보의 정책 책임자 사이의 논의 수준에 머물러 있었다. 지금처럼 범야권과 전체 시민사회단체가 단결하여 지방권력을 교체하기 위한 범야권 단일후보 추진이 공식적으로 이루어진 것도 아니었다. 새벽을 열기 위한 어둠은 서서히 지나가는 듯했다.

지방선거 한 달 전, 〈민중의소리〉(2010. 4. 28.) 박상희 기자와 인터뷰하면서 이재명 후보는 야권단일화 의지를 강조했다.

|인터뷰| 성남시장 재도전하는 이재명 변호사

"야권 단일화는 성남시민의 대의, 반드시 만들 것"

"단일화했어? 단일화하고 오면 찍어줄게."

성남 시내를 돌아다니며 유세하고 다니면 어르신들이 그에게 자주 하는 말이다. 진보민주진영의 지지가 상당히 높은 곳인 성남 시민들의 단일화에 대한 열망은 상당했다. 그 마음을 절실히 느꼈기에 당내에서 야권 단일화에 대한 부정적인 의견이 제기되고 있어도 반드시 이뤄내겠다는 의지가 강하다. 그는 '민주당 부대변인'보다는 '변호사'라는 꼬리표가 아주 익숙하다. 서민과 약자를 대변하는 무료 변론을 하는 등 성남 바닥에서는 꽤 유명한 변호사로 불린다. 성남시장 출마에 재도전하는 이재명 변호사 이야기다.

열린우리당 시절, 성남시장 후보로 나섰던 이 변호사는 이번 도전이 두 번째다. 다시 도전하는 이유는 아주 간단하다. '사람이 사람답게 대접받고 살아가는 사회를 만들기 위해서'다. 그의 굴곡이 심한 인생 스토리를 들어보면 그가 성남시장을 반드시 해야 하는 이유가 공감이 된다. 36년 동안 성남에서 살았던 그는 15년간 인권변호사, 시민운동을 하며 살았다. 찌든 가난으로 인해 12살의 나이에 진학을 포기하고 그 나이에 성남공단에서 노동자로 일했다. 공장에서 산재사고까지 당해 장애까지 입은 몸이지만 검정고시를 치렀고, 법대 장학생이 됐으며 끝내 변호사라는 직함까지 달았다.

이재명 성남시장 후보는 28일 〈민중의소리〉와의 인터뷰에서 "시장 자리나 권력에는 관심이 없다."고 잘라 말했다. 그는 "시장의 역할은 권력이 아니라 권한이고, 지휘가 아닌 책임"이라면서 "서민들이 세상을 위해 행사할 수 있는 권한을 만들 수 있는 계기를 만들 것이고, 멋지게 그 꿈을 이뤄내고 싶다."고 밝혔다. 그는 "현재의 정치 행정이 기득권자의 밥벌이 수단이다. 그들이 부를 늘리면서 사회적 약자의 목소리를 빼앗고 있다."며 "공공근로, 희망근로 자리를 하나 못 찾아 어려워하고 주차난으로 인해 멱살잡이하는 성남 사람들의 삶을 조금이나마 바꾸는 '지방행정도 바뀔 수 있구나' 하는 것을 보여주고 싶다."고 강조했다.

호화청사로 물의를 빚은 현 성남시장으로 인해 지방자치행정에 대한 시민들의 신뢰는 땅에 떨어져 있었다. 호화청사 논란뿐 아니라 '성남-하남-광주 통합'이 시민들의 의견은 전혀 고려되지 않은 채 시의회에서 날치기로 통과된 점 등 때문이다. 이 때문인지, 이 후보가 유세를 하며 "이대엽에 밀려 떨어졌던 이재명입니다."라고 인사를 건네면, 백이면 백, 시민들이 미안해한다고 했다. 그러면서 "이번에는 돼야죠. 이번에는 찍겠습니다."라는 답변도 함께 돌아온단다. 이번에는 '제대로' 뽑아야 한다는 인식이 성남 시내에 널리 퍼져 있다는 설명이다.

이는 곧 '반MB연합' 분위기도 한층 고조되어 있다는 의미다. 이재명 후보는 이 때문에 범야권 후보단일화, 즉 성남시에서 막강한 지지율을 가지고 있는 민주노동당 김미희 후보와의 단일화는 필수적인 요소라고 강조한다. 그는 "'왜 안 합치고 분열하냐', '단일화하면 찍어주겠다'고 하는 것이 시민적 대의다."라며 "시민적 대의, 그 요구를 거스르면 응분의 보복이 반드시 올 것"이라고 말했다.

덧붙여 "현재 야권의 단일화 협상에 대해 분개하는 사람들이 많은데, 성남에선 단일화를 안 하는 쪽이 역적이 될 판이다. 현재

2010 성남시장 선거에서 후보단일화를 이루지 못하면 야권이 선거에서 안정적으로 당선하기 힘들었다. 야권연대는 그 누구도 거스를 수 없는 시민적 대의였다.

(민주노동당과의) 단일화 조건 등이 잘 갖춰지지 않아 삐걱대고 있지만, 단일화를 해야 한다는 시민적 대의를 그 누구도 거스르지 못할 것"이라고 못 박았다.

민주당 지역위원회가 '양보'를 하지 않아 민주노동당과의 단일화가 어려운 지경에 놓인 상태에 대해서도 이 후보는 답답해했다. 이 후보는 "김미희 후보는 수도권에서 민주노동당이 가진 최강의 후보다. 당 지지율은 5%에 불과하지만 김미희 후보에 대한 지지율은 15%를 넘나든다."며 "반드시 단일화를 해야 야권이 안정적으로 당선될 수 있다."고 강조했다.

덧붙여 "민주노동당이 (단일화에 대해) 상대적으로 유연하고 통 크게 정치적으로 결단할 수 있을 것으로 믿고 있다."며 "진보정당이 그간 헌신하고 희생당한 측면이 없지 않고 또 국민들도 어느 정도 평가해 주고 있다. 성남에서는 의회 권력을 차지하는 것이 당면 과제겠지만 그것 때문에 (단일화가) 깨지는 것보다는 더 크게 국민과 지역사회를 위해 헌신하는 진보정당에 대해 평가해줄 것이라 시민들은 믿고 있을 것"이라고 말했다.

〈민중의소리〉(박상희 기자, 2010. 4. 28.)

김미희와 이재명의 만남

단일후보 추대 여론 '확산'

2010년 6·2 지방선거에서 한나라당과 민주당의 공천심사가 본격화되고 있는 가운데 지방선거 참여를 통한 지방자치 민주화와 지방의회 독주 폐해를 저지하기 위한 시민사회단체의 목소리가 어느 때보다도 높고 강하게 제기되었다. 지난 8년 동안 초권력 시장체제에 대한 좌절과 분노를 그 누구보다도 많이 공감한 상황이었다.

'6·2 지방자치실현 새바람성남시민회의'(이하 새바람성남시민회의)는 4월 6일 성남시의회 시민개방회의실에서 긴급 기자회견을 열어 성남 지역 야4당 선거연합과 함께 성남시장 단일후보 추대를 촉구할 예정이었다.

이미 성남 지역의 시민사회단체들은 제1야당인 민주당 중앙당에 '성남시장 단일후보 추대 촉구 건의문'을 발송해 범야권 선거연합을 촉구했다. 6·2 지방선거와 관련, 중앙 '반MB 선거연합 4+5 회의'의 선거연합 추진이 중단된 것을 유감스럽게 생각하며, 그 책임의 소재와 경중을 떠나 단일화의 추동력이 다시 작동되기를 희망한다고 밝혔다. 범야권 선거연합을 압박하는 행동에 나선 것이다.

새바람성남시민회의는 민주, 인권, 복지, 교육, 환경, 여성, 노동, 문화, 평화 등의 공동의 가치가 실현되는 좋은 정책 마련을 위해 공동 노력하고, 향후 야4당 선거연합 추진모임에 참가해서 6·2 지방선거 유권자 운동을 전개하기 위해 출범했다.

중앙의 야권연대 협상 중단과 무관하게 성남 지역에서 2009년 10월부터 논의해 온 야권 후보단일화 추진과 선거연합 방안을 추진하고자 했다. 지방자치시대의 시민주권 실현을 위해 민주당이 빠르게 성남시장 후보 결정을 하도록 촉구했다. 민주당 시장후보를 결정해야 다른 야당 후보들과 후보단일화를 추진할 수 있는 시간적 여유가 생기기 때문이다. 단순히 양보를 통한 후보단일화는 경쟁력을 상실할 가능성이 높기 때문에 성남시민이 감동하고 공감할 수 있는 야권연대의 성사 방식을 채택하고 실현시키려면 시간이 촉박했다.

본선 경쟁력이 있는 인물, 지역사회에 헌신성을 가진 인물, 시민사회진영에서 원하는 인물(여론조사 우위, 풀뿌리 시민활동 기여도 등 감안) 등을 고려해야만 좋은 후보를 선출할 수 있다. 좋은 후보가 결정되면 공동정책을 발표하고, 당선되면 지방 공동정부 형태의 참여도 가능하도록 하였다.

야권단일화 담판

진보개혁세력 야권단일화로 한나라당이 장악한 지방권력을 교체하여 시민이 주인 되는 진정한 주민자치, 풀뿌리 민주주의를 실현하겠다는 야권연대 전략은 일관된 민주노동당 선거전략이었다.

한나라당 지방정권 4년 동안 시민들은 '희망'을 잃었다. 성남 지방정권을 장악한 한나라당은 시민을 무시했다. 부패한 한나라당은 6·2 지방선거에서 반드시 심판해야 할 정당이었다. 한나라당을 심판하기 위해서는 진보개혁세력이 단결해야 했다. 성남 지역 야4당이 한나라당과 1 대 1로 맞서는 선거연합을 이루어야 지방정권을 장악한 한나라당을 심판할 수 있다는 것이 시민들의 요구였다.

한나라당을 심판하려면 야권 단일화를 더 이상 미룰 수 없었다. 야권연대 담판을 위해 이재명 예비후보와 직접 만나기도 했다. 민주노동당은 새바람성남시민회의에서 선거연합의 조건으로 도의원 2석, 시의원 4석을 공식 제기했다.

향후 단일화 일정에 대해서 5월 7일까지 합의가 도출되어야 하지만 마지노선으로 본선 등록 전까지는 합의가 되어야 한다고 생각했다. 후보자 사이의 만남이나 당 사이의 협의 모두 열려 있었다. 새바람성남시민회의가 제기한 선거연합안의 양보 가능성도 남겨두었다. 시민의 염원, 지방권력 교체에 중심을 두고 생각하기로 했다. 그리고 야권 단일후보로 당선되면 같이 합의한 공동정책은 당연히 전부 추진할 것이라고 믿었다.

민주당 성남시장 이재명 후보는 선거사무소 개소식을 열어 시민이 주인 되는 성남을 만들겠다고 했다. 성남시민과 함께 진정한 민주주의의 새 역사를 쓰겠다고 주장했다. 선거사무소 개소식은 이재명, 김미희, 김시중 후보가 만나 야권연대 의지를 다시 다지는 계기가 되었다. 민주당이 시장권력을 얻기 위해서는 통 크게 결단하고 야권연대 성사를 위해 먼저 노력해야 했다. 민주당은 기득권을 계속 붙잡고 있었고 다른 야권 후보들의 많은 양보만 기대했다. 괴로운 선택의 시간은 점점 다가왔다.

어렵고 힘든 시기 작은 것부터 함께하는 모습을 보여주는 것이 중요했다. 졸속 통합시 재추진에 반대하는 합동 서약식을 이재명 예비후보와 개최했다. 주민의견을 무시한 관 주도의 일방적 통합시를 추진하지 않겠다고 약속했다.

김미희·이재명의 화학적 결합

이재명 예비후보와 5월 10일, 지역의 새바람성남시민회의 대표단이 배석한 자리에서 후보단일화와 선거연합에 합의하였다. 성남시장 선거의 승리를 위해 상호신뢰를 바탕으로 정책연합을 실현하고, 여론조사 결과를 바탕으로 민주당 이재명 예비후보를 단일후보로 하는 것에 합의했다. 시의원 타 선거구(수내1,2동·판교·운중·삼평·백현동)는 민주노동당 이숙정 후보를 단일후보로 하고 민주당 후보를 공천하지 않기로 했다.

야당을 비롯해 성남 지역 제 시민사회단체들과 공동선거대책위원

국회 정론관에서 2010년 성남시장 후보단일화 합의를 발표하는 김미희 후보와
이재명 후보, 그리고 장건, 이덕수 새바람성남시민회의 공동대표(오른쪽).

회를 구성했고, 야권 단일후보 승리와 살맛나는 성남시 건설을 위해
성남 지역의 일자리, 교육, 복지, 환경, 노동, 도시개발, 인사, 예산,
문화, 체육 등 10개 분야 정책을 마련할 공동정책추진단도 구성하기
로 하는 등 지방 공동정부의 정신을 살려나가기로 했다.

　5월 11일 오후 1시 성남시의회청사 1층 시민개방회의실에서 공식
기자회견을 열어 후보단일화 및 선거연합에 대해 공식 입장을 발표
했다. 민주당 이재명 시장후보와 민주노동당 김미희 시장후보는 서
로 합의한 10대 정책을 반드시 추진하기로 했다.

　이재명, 김미희가 합의한 10대 야권 공동정책 공약은 △위례신도
시 개발이익 지분 확보, 시흥, 신촌, 고등동(보금자리주택) 등 사업
권 확보로 재원 확충 및 이주, 생활 대책 물량 확대　△무상급식을

통한 교육환경 개선 △분당 리모델링 특구 추진 △삽질 예산 대폭 축소와 일자리·의료·교육·복지 예산 대폭 확대(이 항목에 무상교복, 무상공공산후조리원이 포함되어 있음) △수정, 중원구 재개발 전면 재검토와 1공단 공원화 △시립병원을 설립, 일자리 창출 △SSM 입점 허가제 도입 △장애인의 사회참여 보장 및 자립생활 지원 △비정규직센터 설립 △명품 판교 조성 등과 같다.

10년 넘게 추진한 성남시립병원 운영 방식은 대학병원 위탁이 아니라 시 직영을 반드시 관철하기로 하였고, 국회에서 직영을 권장하고 국고를 지원하도록 법 개정에 협조하기로 했다. (나는 나중에 국회의원이 되고 나서 2010년에 합의한 법 개정을 추진했다.)

비정규직 분야에서는 공공부문 비정규직의 정규직 전환과 건설 노동자, 청년 비정규직을 지원하는 방안을 모색하고, 비정규직센터를 설치하여 비정규직 제도 개선과 사회적 해결방안 마련에 힘을 모으기로 했다.

야권 단일후보 '이재명' 추대

6·2 지방선거를 불과 23일 남겨둔 시점에서 한나라당 심판을 위한 성남시장 후보단일화에 극적으로 합의한 사건은 성남시장 선거판도에 새로운 변화를 예고했다. 성남시의회 1층 청사 광장에는 야권 단일화 합의를 축하하기 위해 많은 시민들이 모였다. 모두 밝은 표정이었다. 성남 지방자치 역사가 새롭게 열리는 신호탄이었다.

5월 11일 오전 국회 정론관에 이어 오후 1시 성남시의회 청사 로

비에서 양당의 기초·광역의원 예비후보를 비롯해 지지자들이 참석한 가운데 공동기자회견을 열어 합의문을 발표했다. 민주당 최고위원회도 11일 성남시장 후보단일화와 관련해 수내1,2동·판교·운중·삼평·백현동에는 민주노동당 이숙정 후보를 단일후보로 하고 민주당 후보를 공천하지 않기로 했다는 입장을 밝혔다.

이재명 후보는 나의 통 큰 결단에 감사를 표하고 내가 추진해온 시민중심 정책을 적극 실천하겠다고 약속했다. 나는 "당이 다르지만 이재명 후보를 적극 지원하기로 했다. 비록 정당은 다르지만 MB 심판 지방정권 교체를 바라는 국민의 요구와 성남시민의 바람을 이루기 위하여 기꺼이 야권 단일후보를 양보하기로 결심했다."고 밝혔다.

"역사적인 빚 갚겠다"

야권 단일후보로 추대된 이재명 후보는 "민주노동당 김미희 후보가 참 어려운 결단을 했지만, 그 결단과 고통보다 수십 배, 수백 배 수천 배로 성과를 얻었다는 자부심을 가지도록, 민주당의 이름으로 나가지만 민주노동당의 정책과 내용으로 시민의 손과 발이 되어 반드시 승리하겠다."고 밝혔다.

이재명 후보는 "성남시장 후보를 양보 받아 역사적인 빚을 크게 지게 됐다."며 "그 빚을 반드시 갚을 것이고 김미희 후보가 꿈꿔 왔던 시민이 중심이 되는 사회, 사회적 약자와 소외된 사람들이 당당하게 대접받고 주인으로 인정되는 성남, 땀 흘린 만큼의 대가가 주어지는, 그래서 희망을 나누는 성남을 만들기 위해 모든 에너지와 열정을 투여하겠다."고 인사를 했다.

이재명 후보는 또 "지금 성남에서 조용한 혁명이 진행되고 있다. 20년이 넘도록 수많은 시민들이 싸우고 지향하며 바라왔던 것을 위해서 지금 우리는 하나로 뭉쳤다."며 "커다란 저항과 방해가 앞을 가로막고 있었지만 우리 함께 시민이 바라는 새로운 성남, 시민이 주인되는 성남으로 가는 새로운 출발점을 만들었다."고 의미를 부여했다. 이재명 후보는 특히 "김미희 후보와 이재명이 지금처럼 두 손 꼭 마주잡고 반드시 6월 지방선거에서 승리해 여러분들과 우리 모두가 꿈꿔 왔던 새로운 세상, 시민이 행복을 느끼는 지방자치의 새로운 역사를 열어 나가겠다."고 선거 필승을 결의했다.

단순한 단일화를 넘어 정책연대 실현과 공동지방정부 구성 선언은 대한민국 지방자치 역사에서 새로운 정치와 행정을 선보이겠다는 소중한 의미가 담겨 있었다. 비록 정치적 레토릭이 섞였다 하더라도 지금도 그 결의와 심정은 변치 않고 지속될 것이라 믿는다. 정치적 신의를 쉽게 버리는 행위를 할 인물은 아니라고 판단하여 통 크게 양보하였기 때문이다.

현재 공공산후조리원, 무상교복, 성남시의료원, 비정규직센터 등 당시 야권연대 합의 정책이 하나둘씩 실천되고 있다. 전국 방방곡곡에서 성남으로 이사 가고 싶다는 트위터의 글이 자주 올라오고 있다. 약속한 야권연대 정책을 흔들림 없이 추진하는 이재명 시장의 시정에 대한 찬사와 칭찬은 부족함이 없다. 여론조사 기관도 이재명 시장의 이름을 대권후보로 올리기도 한다.

도의원 후보단일화 제안

6·2 지방선거 본 선거운동 시작일을 8일 남겨두고 나는 성남시장 후보를 민주당 이재명 후보에게 양보해 범야권 단일후보 성사의 토대를 마련하고 경기도의원 제2선거구에 출마해 본격적인 선거운동에 돌입했다.

성남시장 범야권 단일후보 성사와 함께 경기도의회 제5선거구(민주당 장순화)와 성남시의회 자선거구(민주당 김용), 타선거구(민주노동당 이숙정) 등 분당지역 3개 선거구에는 정당들의 합의에 따라 야권 단일후보가 공천되었지만, 나머지 선거구에서는 후보단일화 협상이 난항을 겪으며 정당마다 각개 약진을 하고 있었다.

내가 출마한 경기도의원 제2선거구에는 민주당의 허재안 전 경기도의원과 한나라당의 조희동 전 수정구청장이 출마해 3파전 양상이었다. 야당이 후보단일화할 경우 압승할 것으로 예상했다.

그러나 허재안 후보는 김병량 전 성남시장을 선대위원장으로 위촉하는 등 배수진을 치고 본격적인 선거운동에 들어가면서 당선을 자신했다. 후보단일화 협상 초반부터 난항이었다. 그래도 삼고초려하는 마음으로 경기도의원 제2선거구 후보단일화를 반드시 실현하자고 허재안 후보에게 공식 제안했다. "민주당에 성남시장 후보를 양보한 저에게 허재안 후보께서 큰 결단으로 힘을 실어주시는 것이 정치적 도리라고 생각합니다만, 여론조사 방안을 포함하여 가장 경쟁력 있고 공정한 방안으로 단일화를 하겠다."고 밝혔다. (당시 민주당 소속이었던 허재안 후보는 2015년 12월 현재, 2016년 총선에 새누리당 후보로 출마하겠다고 선언한 상태이다.) 5월 28일까지 단일화를 성사시키기 위해 26일까지 단일화 방안을 합의하자고 제안했다. 민주당 허재안 도의원 후보도 "후보단일화 제안에 기본적으로 찬성한다. 공정하고 객관적인 방식으로 단일화하는 방안에 대해 허심탄회하게 논의할 자세가 준비되어 있다."고 답하였다.

이재명 선본 총괄상황실장을 맡고 있던 남편은 허재안 후보 측 책임자를 만나 새벽까지 협상을 시작했다. 우리 쪽에서는 최대한 양보할 수 있는 방식은 '여론조사 문항에서 정당을 빼고 이름만 넣은 뒤 야권 단일후보로 누가 적합한지 물어서 가장 높은 지지율을 얻는 후보를 야권 단일후보로 하는 것'이라고 제안했으나 거부되었다. 밤새 토론하면서 협상 중재안을 마련하고자 노력했지만 무리였다. 허재안 측 후보단일화 협상책임자는 전권을 부여받고 나온 것이 아니었다. 개인적으로는 우리의 협상안을 동의하였지만 전권이 없었기에 합의하지 못했다. 협상이 명분용이었던 것이다.

박원순 변호사의 지원유세

박원순 변호사는 이재명 후보의 지원유세에 이어 도의원 후보로 출마한 나를 찾아와 지원유세를 펼쳤다. 구면이었다. 박원순 변호사가 배낭 메고 전국 지역운동 모범사례를 수집하던 시절 "성남시의료원 설립운동 인터뷰를 김미희와 하는 것이 좋다."는 지역시민운동 활동가들의 의견에 따라 나를 찾아와 대화를 나눈 적이 있었다.

박원순 변호사는 희망제작소에서 운영한 '좋은시장학교'에서 만난 김미희 후보를 "늘 학습하고 연구하는 자세가 돋보인 참 괜찮은 공직후보자"라고 평가했다.

　두 번째는 좋은시장학교에서 만났다. 박원순 변호사는 "희망제작소에서 운영하는 '좋은시장학교'에서 가장 잘 준비된 시장후보가 바로 김미희 후보"라며 "시민을 위하여 대승적 결단을 내리고 범야권 단일시장후보를 이재명 후보에게 양보한 아름다운 마음을 가진 후보"라고 칭찬해 주었다.

　박원순 변호사는 "김미희 후보가 출마한 지역에서도 도의원 후보 단일화가 성사되어 6월 실시되는 지방선거에서 좋은 결실을 맺어야 한다."며 "시민들이 반드시 투표에 참가해 당을 떠나 준비된 일꾼을 선출해야 한다. 김 후보가 당선되면 성남시와 경기도의 발전을 위해 모든 협력을 다하여 나갈 것"이라고 전폭적인 지지 의사를 밝혀 주었다. 박원순 현 서울시장은 당시 '풀뿌리 지방선거투어'를 하면서 소감을 블로그에 올렸다. 민주노동당 후보였던 나를 '비운의 후보'로 소개했다. 원문을 그대로 싣는다.

비운의 후보 – 김미희 민주노동당 후보

　원래 민주노동당의 성남시장 후보였던 김미희 후보는 이 지역에서 당의 지지도를 넘어 상당한 지지를 받아온 분이다. 지역 주민들을 위한 줄기찬 활동에다 지방의회에서의 건강한 파수꾼의 역할을 더하여 지명도와 호감도가 높았던 것이다.

　그런데 야당연대라는 시대적 대의와 함께 그이는 시장후보의 자리를 민주당 이재명 변호사에게 내주었다고 한다. 이렇게 큰 양보를 했으면 당연히 민주당 측에서는 김미희 후보가 경기도의회 의원 후보로 출마하는 자리에 다른 민주당 후보를 출마시키지 말고 연대 통합후보로 내세웠어야 마땅했다. 그러나 민주당은 그 지역에 민주당 후보를 냈으니 신의의 위반이 아닐 수 없다. 이재명 후보도 그것을 한탄하고 있다. 실제 야권연대라는 것이 이렇게 어그러지고 있었던 것이다.

　사실 김미희 후보는 희망제작소가 주최하는 시장학교를 다녔던 분이다. 늘 학습하고 연구하는 자세와 태도가 돋보였던 분이다. 당을 떠나 참 괜찮은 공직후보자라고 나는 생각하였다. 이재명 성남시장 후보와 더불어 맞은편에서 유세를 벌이고 있었다. 참 안타까워 그녀를 위해 기꺼이 마이크를 잡았다. 작은 도움이 되었기를 바랄 뿐이다. 정치적 도의도 힘의 역관계에서 발휘된다는 경험을 한 것이다. 결국 26.2%의 득표율로 낙선하였다.

김미희·이재명, 손잡고 선거운동하다

범야권 단일후보 이재명 시장후보와 나는 공동유세, 공동선거운동을 하였다. 야권연대 합의에 따라 성남시를 바꿔나갈 공동정책을 합의하고 발표하였다. 공동정책은 성남시장에 당선되면 세부 로드맵을 마련하여 그대로 실천하기로 약속하였다. 당선 후 나는 이재명 시장 인수위원장이 되어 합의한 공동정책의 세부 로드맵을 마련하였다. 인수위원회 15일 동안 만든 정책 보고서는 약 3백 쪽 분량이었다. 현재 그 정책들이 실천되면서 전국의 진보개혁적인 시민들이 환호하며 이재명 시장에게 폭발적인 지지를 보내고 있다. 2010년 성남시장 선거 야권연대는 '야권단결의 모범사례'라고 자부한다.

선거운동 과정에서 '김미희-이재명이 하나'라는 의미를 시민들에게 보여주기 위해 어떻게 할 것인가 고민했다. 나는 수정구에서 시의원을 두 번 하면서 진보정치를 일구어 와서 수정구 지지율이 25%를 넘게 나오기도 하였다. 이재명 시장 후보가 뜻밖의 제안을 하였다. "우리 손잡고 선거운동 합시다." 나도 흔쾌히 동의하였다. 같이 손잡고 다니면서 시민들에게 인사를 다니면 빠르게 입소문을 타고 퍼질 수 있다고 생각하였다.

진심이 아니면 할 수 없는 제안이었고, 시장권력을 교체하겠다는 절실함이 없다면 할 수 없는 행동이었다. 시민들의 반응은 뜨거웠다. 시민들은 환호했고 시장 당선의 확신이 들었다.

김미희, 이재명 후보가 손을 맞잡은 2010년 성남시장 선거는 야권연대,
야권단결의 모범사례로 손꼽힌다.

범야권 단일후보 이재명 당선

　범야권 단일후보의 당선으로 성남의 새로운 변화가 시작되었다.
이재명 당선자는 성남시장 범야권 단일후보를 실현하면서 내세웠던
지방공동정부 구성을 위해서도 "향후 인수위원회 및 (가)시정개혁
위원회는 통합의 정신을 살려 야5당 및 시민단체, 그리고 한나라당
까지 망라하여 구성할 것"이라 이야기하고 "민선5기 성남시정의 중
요한 방향은 시정개혁위원회에서 논의하고 여기서 결정되는 사항은
특별한 사정이 없는 한 시정에 적극 반영할 것임을 강조했다. 정책연
합을 통해 만든 정책과 지방공동정부의 계획을 시정개혁위원회를
통해 열어 나가겠다."는 포부를 밝혔다.

나는 선거운동본부 해단식에서 "민주당이 좀 더 일찍 야권연대 성사를 위한 큰 결단을 내렸다면 서울과 경기도에서도 더 좋은 결과를 얻을 수 있었을 것이라는 아쉬움이 든다."고 말하고 "이번 성남시장 선거에서 민주노동당의 일방적인 희생을 잊지 말아야 할 것이고 이후에도 야권연대 등 힘을 모아야 할 때 언제든 흔쾌히 힘을 합쳐야 할 것"이라고 야권의 단결을 강조했다.

지금 야권은 흩어지고 찢어졌다. 정치적 이해에 따라 내부 분열이 일어났다. 야권연대 정신은 과거의 일이 되었다. 지방공동정부 실현이라는 한 번도 가보지 않은 길을 만들어가는데 중도에 쉽게 포기한 것은 아닌지 모두가 자문할 시점이다. 이재명 시장의 시정에 더 주목해야 하는 이유는 야권연대 정신에서 출발하고 있기 때문이다.

남편은 이재명 선본 총괄상황실장

2010년 지방선거와 관련해서 남편 이야기를 하지 않을 수가 없다. 남편은 민주노동당 사무부총장으로서 중앙의 야권연대 협상에서 실무 지원도 했다. 내가 성남시장 후보를 양보하고 광역의원 출마를 하고자 할 때는 강력하게 반대했다. 웬만해선 내가 하고자 하는 일에 반대 의견이 있어도 짧게 의견만 내고 마는 성격인데 며칠 동안 반대가 심했다. 성남시장 선거 승리가 가장 중요하다는 견해였다. 내가 시장 후보로 여론조사 했을 때 15~23% 정도의 지지를 받고 있는 상황에서 수정구, 중원구 지지자들이 야권 단일후보 지지를 하도록 전념해야 하고, 이번 기회에 지방권력을 반드시 교체해야 한다는 주장이었다.

　나는 도의원 선거에 출마하여 뛰면서 범야권단일시장후보 지지를 겸할 수 있다고 보았다. 부부의 다른 정무적 판단을 뒤로하고 나는 광역의원 선거에 전념했고, 남편은 범야권공동선거대책본부의 총괄상황실장으로 일했다. 나의 선거에는 선거사무소 개소식 말고는 오지 않았다. 약간의 서운한 마음은 있었지만 지방권력 교체가 더 중요하다고 생각하여 적극 지지해 주었다.

　남편은 이재명 선거사무소 근처 모텔을 얻어 숙박하면서 짧은 기간이지만 범야권 단일후보 당선을 위해 밤낮을 가리지 않고 뛰었다. 15년간의 선거 실무 경험이 있는 남편이기에 잘하리라 믿었다. 중앙당 사무부총장의 직책을 갖고 있으면서 자당이 아닌 타당의 기초단체장 선거에서 총괄상황실장이라는 지위를 갖고 선거운동을 하는 경우는 보통의 상식으로는 생각하기 어렵다. 아무리 야권연대를 했다고 하더라도 제3당의 사무부총장이 기초자치단체 후보의 상황실장을 맡고 있다는 이유로 중앙당 당직자들의 불평도 들어야 했다. 남편의 지방권력 교체의 꿈이 얼마나 큰지 알 수 있었다. 특히 성남시립병원 건립을 위해서는 시장 당선이 필수라고 생각했기 때문이다.

인수위원회 성공조건

역사를 만들어갈 인수위원회

성남시 인수위원회는 민선5기 시정 운영의 밑그림을 그리는 작업이다. 시장 당선자의 시정 운영 철학과 비전이 담겨 있는 정책기조를 만들고, 정책의 우선순위와 이를 책임질 구조를 만들어내는 작업이다. 시정 운영의 밑그림을 가지고 시작하는 시 집행부와 그렇지 못한 시 집행부의 성과는 달라질 수밖에 없다.

인수위원회 기간을 어떻게 준비하고 활용하느냐에 따라 시 정부 4년의 성패가 좌우된다고 해도 과언이 아니다. 인수위원회를 통해 좋은 밑그림을 마련하고 이를 실행할 인재가 준비되어 있다면 시정 운영의 성공을 위한 일차적 조건은 갖추었다고 할 수 있다. 그러나 인수위원회가 역할을 제대로 하지 않고, 허술하게 업무보고를 받고, 대충 결과 보고서를 작성한다면 출범 초기부터 많은 시행착오와 시정의 혼선을 겪게 된다.

범야권 단일후보가 당선인으로 된 것은 성남시 역사상 처음 있는 일이다. 한 번도 경험하지 못한 일대 사건이 발생한 것이다. 인수위원회 인적구성도 가치관과 정치활동 경험이 다른 사람들로 구성되었다. 장점이면서 단점이다. 절차 규정이 부재한 상황에서 인수 업무가 형식적으로, 그리고 주먹구구식으로 진행되지 않기 위해서는 철저한 공식적인 업무보고 체계를 갖는 게 필수적이다.

민선5기 출범 뒤 의욕을 가지고 추진하려는 정책 어젠더가 일관성을 잃지 않으려면 인수위원회가 나침반 역할을 할 수 있는 보고서를 만들어야 했다. 시장 당선자의 철학과 비전을 잘 알고 있는 정치인과 정책전문가 시민사회단체 활동가들로 인수위원회를 구성하였으니 사명감과 책임의식만 동반되면 무리 없이 인수위원회 보고서가 제출될 것이라고 확신했다. 희망과 우려를 동시에 갖고 15일 동안의 이재명 시장 인수위원장 활동을 시작했다.

시민행복위원회 구성

이재명 성남시장 당선자가 2010년 6월 8일 옛 성남시청사 2층 대회의실에서 기자회견을 갖고 민선5기 출범을 위한 인수위원회 명칭을 '시민이 행복한 성남기획위원회'(약칭 시민행복위원회)로 부르며 본격적인 인수 준비에 들어갔다.

민주노동당 성남시장 예비후보로 출마했던 내가 시민행복위원회 인수위원장으로 선정되었고, 부위원장에는 김시중 국민참여당 성남

헌법재판소가 국회의원직을 강제 박탈할 것에 대해 재심을 청구하기 위해
헌법재판소로 들어가고 있는 김미희 전 의원과 남편 백승우 전 통합진보당
사무부총장.

시위원장, 박광순 민주당분당갑 지역위원장, 이덕수 성남자치참여연
대 대표, 그리고 차지훈 변호사가 선정되었다.

32명의 인수위원과 27명의 자문위원으로는 각 야당 정치인들과
시민사회단체 인사들, 그리고 변호사, 교수, 전문가들로 구성되었
다. 시민행복위원회 간사는 김현지, 백승우, 정진상 3인으로 하고
대변인은 윤원석으로 정했다. 그러나 간사로 추천받은 백승우 씨는
하루 만에 사퇴하였다. 남편은 전날 인수위원회 구성에 자신의 참여
가 적절치 않다는 의견을 냈으나 다른 분들이 함께 일하고 싶다고 적

극 추천하여 명단에 들어가게 되었다. 그러나 위원장의 남편이라는 점이 오해를 받을 수 있다며 본인이 사퇴하였다.

당시 시민행복위원회 기자회견에서 이재명 당선자는 시정에 대해 평소 생각한 철학을 역설했다. 가장 중요하게 시민을 주인으로 섬기는 공복으로의 자세와 의식을 가질 것, 시민을 위해 봉사하는 성실함으로 시민의 봉사자가 될 것을 강조하였다. 시민을 보고 시민을 위해 일할 것을 주문한 것이다.

진보정당 정치인으로 활동하면서 7년간 지방의원을 지낸 나의 생각과 거의 동일하였다. 시민이 원하면 때와 장소를 가리지 않고 시민을 만나러 가는 나와 비슷한 철학에 마음이 가벼워졌고, 시민행복위원회 위원장 활동을 기쁘게 시작할 수 있었다.

4대 활동목표 발표

6월 8일 인수위원장으로 선임되고, 6월 9일 인수위원회 4대 핵심 활동목표를 선정한 뒤 4개 분과별(행정기획, 경제환경, 문화복지, 도시건설) 위원 구성과 운영 등에 관한 세부사항을 발표하였다. 그 뒤 위원 전체회의와 분과별 모임을 갖고 향후 활동목표를 확정하였다.

각 분과 운영에서는 행정기획분과 위원장 이덕수(성남자치참여연대 상임대표), 간사 최성은(성남시의원), 경제환경분과 위원장 이한주(경원대 경제학과 교수), 간사 최숭원(공인노무사사무소 공감 대표노무사), 문화체육복지분과 위원장 김현경(성남시의원), 간사 이상훈(성남미디어공동체 늘봄 대표), 도시건설분과 위원장 박종수(이재명 선거사무소 상황실장), 간사 유동규(1기 신도시 리모델링연합회장) 등이 맡았다.

인수위원회 활동에서 가장 우려되는 일은 인수위원 개인의 돌출 행동이다. 그래서 항상 인사가 만사라는 이야기가 나오는 것이다. 인수위원회가 제대로 된 결과물을 짧은 기간에 만들어내려면 구성원 모두가 합심하고 지혜를 모아야 했다. 인수위원들의 개별적 자료 요청은 불가하며, 분과장의 동의를 얻어 간사가 요청하는 것으로 창구를 단일화했다.

인수위원 구성과 관련해서도 짧은 기간 각 분과의 결과물을 만들어내려면 인수위원을 늘려야 한다는 의견도 있었다. 그러나 처음 발표한 인수위원들로 밤을 새우며 최선을 다해 보고서를 작성하고, 그 과정에 자료 분석이나 정책 자문이 필요한 분야는 인수위원회 자문위원으로 선임된 분들의 자문을 받아 진행하는 것으로 정리했다. 그리고 비공개성을 최소화하기 위해 가능하면 분과별 활동내용을 대변인을 통해 브리핑하도록 하였다.

공동정책추진단 구성

민주당 이재명 성남시장 당선자는 민주노동당 성남시장 예비후보였던 김미희 인수위원장과 야권연대를 추진하면서 양당의 공동 10대 정책을 발표하고 공동정책추진단 구성을 합의하였다.

야당과 합의한 정책, 시민사회단체가 수립한 공동정책들을 집중

범야권 단일후보로 당선된 이재명 시장. 김미희와 이재명 후보가 후보단일화를
이룸으로써 2010년 성남시장 선거에서 야당 후보가 승리할 수 있었다.

검토하기 위해서는 정책TF팀 구성은 필수적이다. 시민행복인수위
원회 위원장이었던 나는 6월 9일 공동정책추진단을 구성해 공동정
책추진단이 야당이 합의한 10개 분야 공동정책을 검토하고, 이재명
시장 당선자 정책 10대 핵심과제와 100대 정책의 우선순위를 정하
는 역할을 할 것이라고 발표하였다.

　야당과 시민단체가 연합하여 지방정권을 운영하는 모델은 당시만
해도 없었다. 또한 시정 경험이 부족한 상태에서 15일간의 인수위원
회 활동은 결코 쉬운 일이 아니었다. 대충 업무보고 받고 이전 발표
한 공약을 결합하여 결과 보고서를 작성해도 되겠지만, 인수위원회
구성원들은 사명감과 책임감이 그 어느 때보다도 높았다.

- 8일, 1차 모임으로 활동방향과 목표에 대한 토론 진행.
- 9~10일, 분과별 워크숍을 갖고 구체적인 활동 계획 수립.
- 11~24일까지는 업무보고 준비 예정, 업무보고는 분과별로 진행. 성남시 산하 국, 소, 단, 구청 및 출연기관을 대상으로 11~17일까지 기본 업무보고를 받은 뒤, 18~24일까지는 추가 보고를 받음.
- 17일과 24일에는 시민행복위원회 전체회의를 열고, 분과별로 진행된 업무보고 현황과 결과에 대해 종합적이고 전체적인 시각에서 검토하기로 했다.

시민행복위원회의 인수작업 돌입

6월 11일 성남시 부시장의 총괄 업무보고를 시작으로 4개 분과는 2주간의 활동에 돌입하였다. 성남시정 운영 현황을 파악하고 민선5기 이재명 당선자의 시정 운영 방향을 수립해야 했다.

시정은 정치력만으로는 올바른 방향을 세울 수 없다. 정치력은 올바른 시정 방향을 세우기 위한 정무적 판단을 해야 하는 능력이지만 행정적, 정책적, 재정적 현실을 정확히 진단하지 못하면 공허한 인수위원회 결과물이 나올 수 있다. 그것이 가장 큰 걱정이었다. 공허한 목소리, 무책임한 결과물, 가슴에 와 닿지 않는 시정 정책이 될 수 있다는 우려와 걱정 때문에 잠을 이룰 수 없을 만큼 쉽지 않은 여정이었다.

|인터뷰| '시민이 행복한 성남기획위원회' 김미희 위원장

"성남시민을 섬기는 자세로 최선 다할 터"

6·2 지방선거에서 범야권 단일후보로 성남시장에 당선된 이재명 당선자는 11일 오전 송영건 성남시 부시장으로부터 민선5기 출범을 위한 시정 업무보고를 받는 것을 시작으로 24일까지 인수위원회인 '시민이 행복한 성남기획위원회'를 본격적으로 운영한다.

이재명 성남시장 당선자의 민선5기 출범을 위한 인수위원회인 '시민이 행복한 성남기획위원회'는 범야권 단일후보 추진을 위한 기본 정신을 살려 야3당과 시민사회진영을 망라해 각 분야별 전문가 등 32명으로 구성하고, 위원장에는 민주노동당 김미희 성남시장 후보가 내정했다.

'시민이 행복한 성남기획위원회(위원장 김미희, 이하 시민행복위원회)'는 지난 9일 공식 기자회견을 통해 △민선5기 이재명 시장 당선자의 철학 및 공약사항을 반영하고, △수도권 중심도시에 걸맞는 시정의 목표 및 방침을 선정하며, △성남시의 새로운 비전을 제시하고, △시민들과 공직자 등 다양한 계층의 의견을 시정에 반영하는 등 4대 핵심 활동목표를 발표했다.

이와 함께 시민행복위원회는 행정기획분과, 경제환경분과, 문화체육복지분과, 도시건설분과 등 4개 분과로 구성하고, 야당과 시민사회단체가 수립한 공동정책들을 집중 검토하고, 성남시장 당선자의 정책 10대 핵심과제와 100대 정책을 선정하는 등 민선5기 성남시정 운영의 정책실행 우선순위를 선정하는 역할도 수행한다.

권력교체기의 인수위원회 구성에 대해 항상 말들이 나오고 잡음시비가 있지만, 이번 시민행복위원회 구성과정에도 분과별로 인선과정의 잡음시비가 전혀 없는 것은 아니다.

분야별 전문가 그룹의 부족, 시정 운영과 관련된 행정경험의 부족, 성남시장 범야권 단일후보로 선거를 치르다보니 각 정파의 고른 안배 등 인적구성 과정의 이런 저런 문제들이 제기되고 있지만, 김미희 위원장은 "성남시민을 섬기는 자세로 최선을 다해 업무보고를 받고 민선5기 성남시정 운영의 밑그림을 그려 나갈 것"이라고 밝혔다.

김 위원장은 예전과 달리 인터뷰 과정에서 질의 내용을 재차 확인하는 등 매우 조심스럽고 신중한 행보를 보였다. 김 위원장은 선거 이후 몸이 피곤하기 보다는 민선5기 출범을 위한 인수위원장을 맡아 막중한 책임감과 부담감으로 인해 잠을 설치는 등 연일 시민행복위원회 운영으로 고심 중이다.

특히 시민행복위원회 구성이 그 여느 때 선거와 달리 범야권 단일후보로 성남시장에 당선을 시켜서인지, 일방적으로 특정 정당의 정치적인 입장만이 아니라 각 정치세력간의 연합과 연대정신에 기초한 위원회의 구성 운영 등 세밀한 부분까지 직접 챙기는 등 이재명 당선자의 취지나 의중에 누를 끼치지 않으려고 애를 쓰는 모습이 역력했다.

기자가 인터뷰를 위해 찾아간 10일 밤에도 당장 내일(11일) 오전부터 업무보고를 받기 위한 사전 준비 작업으로 간사들과 자료 점검 및 회의준비로 여념이 없어 보여 오히려 민폐를 끼치는 것이 아닌가 하는 미안함이 들 정도로 시민행복위원회 사무실은 분주히 바쁘게 돌아가고 있었다.

다음은 '시민이 행복한 성남기획위원회' 김미희 위원장과의 인

2010년 성남시장 선거에서 야권연대로 이재명 후보를 당선시키는 데 결정적 역할을 한 김미희 민주노동당 후보는 인수위원장으로 활동했다.

터뷰 전문이다.

먼저 시민행복위원회 위원장을 맡으신 소감은?

김미희_ 우선 이번 지방선거에서 저를 지지해 주신 시민들에게 위로와 함께 반가운 소식을 전해드리게 되어 다행스럽다. 그리고 이재명 시장 당선자의 배려에 감사드린다. 앞으로 시민행복위원회가 이재명 성남시장 당선자에게 든든한 힘이 되어 주고 버팀목으로 자리매김 하고 싶다. 제가 지역에서 낙선의 고배를 마셔 낙담하신 분들께서 인수위원장을 맡게 되어 다행이고 위안이 된다며 범야권 단일후보를 성사시킨 마음과 자세로 제대로 한번 역할을 해보라며 다독거려 주어 오히려 힘이 난다. 한편으로는 시민행복위원회 위원장 자리가 막중하고 책임감도 크게 느껴져 정신적으로 압박감을 받아 잠을 못 이루고 있기도 하지만 성남시민을 섬기는 자세로 최선을 다해 업무보고를 받고 민선5기 성남시정 운영의 밑그림을 그려 나갈 것이다.

인수위원회가 통상적인 명칭과 달리 '시민이 행복한 성남기획위원회'로 명명을 했는데 나름대로 이유가 있는가?

김미희_ 평소 인수위원회가 점령군 비슷하게 커다란 권력기관처럼 느껴지고 권위적인 이름으로 들리기 때문에 다른 이름을 고민한 것이다. 이재명 성남시장 당선자가 앞으로 시정 운영을 잘 펼쳐나가시도록 시민과 함께 준비하는 위원회로, 또한 우리가 존재하는 목적이 성남시민의 행복이기 때문에 이러한 내용을 담아 민선5기 성남시정 운영의 밑그림을 그려나가기 위해 '시민이 행복한 성남기획위원회'로 이름을 정한 것이다. 특히 이 당선자가 선거운동 기간에도 늘 강조했듯이 '시민이 행복한 성남'을 만들고 뒷골목에서 어르신들이 희망근로 자리 하나 때문에 서글퍼하고 눈물을 흘리는 일이 없도록 시민들이 행복한 도시로 만들기 위한 취지가 담긴 명칭을 사용한 것이다.

시민행복위원회 인적 구성과정에서 잡음시비도 만만치 않았던 것 같은데 인수위 구성원들에 대한 평가는 어떤가?

김미희_ 먼저 시민행복위원회에 관심과 기대를 많이 가져 주셔서 고맙다. 시민행복위원회는 성남시장 범야권 단일후보 성사를 위해 노력하고 시장당선을 위해 노력한 범야권과 시민사회단체가 모두 골고루 참가하도록 노력했다. 다소 부족해 보이고 실망스러운 부분들도 있겠지만, 널리 이해해 주시고 부족하다고 생각되는 부분은 시민행복위원뿐 아니라 자문위원과 의견수렴을 하는 과정에서 충분히 반영을 하도록 노력할 것이다. 저를 비롯한 인수위원들은 모두 성남시민들을 섬기는 자세로 성실히 최선을 다해 임할 것이다. 이런 저런 이유로 사정상 이름을 올리지 못했다 하더라도 각계각층에서 많은 분들이 많은 도움을 줄 것이라고 믿어 의심치 않는다. 단순히 발표된 명단만으로 섣부르게 판단할 문제는 아니라고 본다. 물론 장단점이 있을 수는 있다고 본다. 한편으로 제기되는 부정적인 평가는 시민행복위원회 활동에 대한 관심의 반영으로 생각한다. 다소 부족하고 명단에서 제외됐다 하더라도 다른 방법으로 많은 도움을 줄 것으로 믿는다. 특히 시민행복위원회는 시간과 인원 등 여러 가지 운영 제약이 뒤따라 많은 분들이 함께 참석하지 못한 부분은 다소 안타까운 점이다. 그러나 민선5기 출범 이후 본격적으로 운영할 시정개혁위원회에는 한나라당을 포함해 모든 정치세력과 시민사회진영 등 다양한 부문과 계층이 참석토록 할 것이라고 당선자께서 밝힌 만큼 향후 더 포괄해서 운영을 할 것이다.

성남시장 범야권 단일후보의 승리로 각 정파가 결합해 의견조율이 쉽지만은 않을 것이란 우려도 있는데… 준비 과정에서 어려움은 없는가?

김미희_ 그런 우려는 6·2 지방선거를 치루면서도 많이 있었다. 하지만 범야권 단일후보 당선이라는 목표가 같았기 때문에 서로 이해하고 힘을 합쳐 잘 극복해 냈다. 시민행복위원회도 성남시민을 행복하게 할 수 있는 방안과 내용, 지름길을 찾으려는 목표가 하나이기 때문에 슬기롭게 잘 극복할 수 있을 것이다. 서로 다른 의견이나 차이는 토론과 대화를 통해 좁혀 나가도록 노력할 것이다. 지금까지 그렇게 해 왔고 또 앞으로도 그렇게 해나갈 것이다. 현재까지는 모든 위원들이 잘 화합해서 서로 이해하고 대화하며 열심히 준비하고 있어 큰 어려움은 없다. 잘 따라주고 맡은 직분에 충실하고 있다. 고집 피우거나 목소리 높이는 분들도 없다. 개인적으로 전체를 어떻게 이끌어 나갈 것인가가 고민이 되고 어려운 부분이다. 앞에서도 언급했듯이 막중한 책임감도 느끼고… 시민들을 믿고 함께 일하는 위원들을 믿으며 슬기롭게 헤쳐 나가면 순탄하게 별 무리 없이 순항할 것이라고 본다.

시민행복위원회 구성 이후 4개 분과로 나눠 업무보고를 진행하는데, 이전에는 분과 구분없이 인수위 차원의 총괄보고를 받았던 관례와는 다소 다르다. 이전 인수위 운영과 차별화해서 분과별로 업무보고를 받는 이유는 무엇인가?

김미희_ 시민행복위원회가 해야 할 일은 크게 두 가지다. 우선 성남시정 현황을 제대로 파악하는 것이고, 둘째는 민선5기 새로운 성남을 설계하는 일이다. 그런데 시간이 별로 없다. 그래서 시민행복위원회를 4개 분과로 구성해 동시에 업무보고를 받고, 보다 깊이 있고 효율적으로 활동해 나가려고 하는 것이다. 나름대로의 전문성도 살리면서 말이다. 이와 함께 두 차례에 걸쳐 전체회의를 개최해 업무보고 중간 점검을 하고, 각 분과장과 간사들과 함께 수시로 업무보고 진행상황과 당선자의 공약이행 준비 실태를 살펴나갈 것이다. 1차 업무보고에서는 당선자의 정책과 공약을 중심으로 시정현황을 보고 받는데 중점을 두고, 2차 업무보고는 추가로 요청한 자료를 기본으로 해서 더 심화하는 자리가 될 것이다.

당장 내일부터 시 집행부로부터 업무보고를 받는데 시민행복위원회 차원의

성남시 인수위원회인 시민행복위원회는 성남시정
사상 최초로 향후 시정개혁과 발전을 위한 새로운
시민연대 주체 형성의 가능성을 보여주었다.

업무보고 받을 준비는 어떠한가?

김미희_ 우선 지난 8일 공식 기자회견 이후 이틀 동안 시민행복위
원회 분과별로 워크숍을 통해서 사전자료를 검토했고, 민선5기 시
정 운영 방향과 밑그림을 그리기 위한 내용들을 사전에 점검하는
토론이 있었다. 그리고 분과별로 계속해서 회의를 진행하며 서로
호흡을 맞추는 시간들이 계속해서 이어지고 있다. 분과별로 어느
정도 윤곽을 잡아가고 있고 별무리 없이 진행이 될 것이다. 두 차
례로 나누어 업무보고를 받는 만큼 다소 부족한 부분은 추가 업무
보고를 통해 미비한 점들이 보완이 될 것으로 믿는다. 특히 위원
들이 자기 생업에 종사하면서 시간을 쪼개고 희생을 하면서 별도
의 보수도 없이 자원봉사 헌신을 하고 있는 것에 대해 매우 감사를
드린다.

시민행복위원회 구성 이후 분과별로 워크숍을 진행했지만, 아직까지 분과
를 비롯해 전체적으로 시민행복위원회의 운영방향에 대해 구체적인 상을

그리지 못하고 있는 것 같은데… 예를 들면 인수위원들이 당선자의 철학과 비전, 공약에 담긴 의중 등을 공유하는 작업이 미비하다는 지적도 있다. 이에 대해서는 어떻게 생각하는가?

김미희_ 당초 첫날 워크숍에서 당선자의 비전과 철학이 담긴 민선 5기 시정 운영 방향의 밑그림을 설명하기 위한 강의를 넣으려고 했는데 일정상 진행하는 것이 무리여서 분과별로 당선자 공약 자료를 심도 있게 검토하고 토론을 통해 공감대를 형성해 나가면서 당선자의 의중을 파악하려고 열심히 노력하고 있다. 당선자의 철학과 비전을 잘 이해하는 것이 무엇보다 중요하다는 데에는 이견이 없다. 인수위원들도 그런 점들을 잘 알고 있다. 수시로 각 분과별 내용들을 점검하면서 당선자를 비롯해 위원장과 간사 등이 의견 조율을 거쳐 미비점들은 계속해서 보완해 나갈 것이다.

향후 업무보고를 받는 과정에서 시민행복위원회가 주로 어떠한 부분에 대해 역점을 두고 업무보고를 받으려고 하는가? 개략적인 구상이 있다면?

김미희_ 분과별로 오늘 지금 이 시간까지도 업무보고 준비를 하고 있다. 시에서 제출한 자료를 검토하고 있고 의원들 간의 의견을 취합하고 있는 과정이어서 아직 세부적인 분과별 내용은 공개하기 어려운 부분이 있다. 그러나 총괄적으로는 성남시정 운영 현황을 정확히 파악하고 그것을 바탕으로 민선5기 시정 운영 방향의 밑그림을 그려 나가는 것이다. 무엇보다 성남시민이 주인이 되는 시정을 어떻게 구현할 것인가를 집중적으로 연구하고 검토할 것이다. 잘못된 정책으로 시민들이 피해를 봤다면 이를 바로 잡아 나갈 것이다. 또한 시립병원 설립, 1공단 녹지문화공원조성, 주민중심의 재개발 전면 검토, 분당 리모델링, 성남시 재원확보를 위한 시청사 매각, 위례신도시 고등동 보금자리 주택지구의 개발주권 확보, 시민참여 행정 등 당선자가 내건 공약들을 어떻게 시정 운영에 접목하고 구체적으로 현실에서 실천할 것인가에 대해서도 집중적으로 살필 것이다.

시민행복위원회와 별도로 공동정책추진단을 구성 운영한다고 했는데… 인수위원회인 시민행복위원회와의 연관성과 향후 운영계획은 어떠한가? 일부에서는 현재의 시민행복위원회, 향후 시정개혁위원회, 공동정책추진단 별도 운영 등 다소 운영과정의 비효율성과 중복, '옥상옥'이라는 우려의 시각도 있는데…?

김미희_ 얼마 전 내부 의사소통의 과정에서 착오가 있어 별도로 공동정책추진단 구성을 언급했는데… 이는 6·2 지방선거 과정에서 야당과 시민사회진영이 공동정책을 마련한 내용을 별도로 추진단을 구성해 운영을 하는 것이 아니라 현재의 시민행복위원회 운영과정과 향후 민선5기 출범 이후 시정개혁위원회 운영과정에서 이러한 공동정책 10대 추진과제를 반영시켜 운영을 하겠다는 것이었다. 별도의 기구를 구성하는 등 이름과 형식이 중요한 것이 아니라, 내용적으로 정책적으로 어떻게 공동정책 추진 합의 내용이 녹아들게 할 것인가가 중요하다. 시민행복위원회에서 집중적으로 점검하고 향후 시정개혁위원회에서 반영토록 할 것이다. 새롭게 별도의 기구로 구성 운영하는 것이 아니다.

끝으로 시민행복위원회 위원장으로서 어떻게 활동할 것인가? 포부와 각오 한마디를 말씀해 달라.

김미희_ 위원장을 맡고 나서 거의 매일 집단민원인을 비롯해 사무실로 시민들의 발길이 이어지고 있다. 시민행복위원회가 지금 당장 결정과 집행권한이 있는 것은 아니지만 찾아오시는 분들의 얘기를 충분히 듣고 해당 분과와 당선자에게 보고를 하고 있다. 또한 시민행복위원회 각 분과별 회의 내용을 점검하고, 분과 위원장과 간사 회의를 통해 업무보고 준비를 하느라 정신이 없다. 성남시민들의 오랫동안 어려움을 겪고 있는 문제들에 대한 해결방안을 찾기 위해 당선자를 비롯해 모든 위원들이 열심히 노력하고 있다. 그러기 위해서는 시민들께서 더 많이 응원해 주시고 해당 공직자들께서도 더 많이 열과 성의를 다해 도와주셔야 한다. 그래야 성남시민이 행복한 도시를 만들어 나갈 수 있지 않겠는가? 애정을 갖고 많은 관심과 참여 격려를 당부드린다. 시민들의 기대에 부응하는 민선5기가 되도록 열심히 노력하겠다.

〈성남투데이〉(김락중 기자, 2010. 6. 10.)

모르쇠로 일관

6월 11일 시민행복위원회는 1차 전체회의에서 성남 부시장의 총괄 업무보고를 시작으로 본격적인 가동이 되었다. 성남 부시장은 "시민이 행복한 성남시를 만들어가는 데 최선을 다할 것"이라며 "시민행복위원회의 정책 결정에 따라 시정 운영에 최선을 다하겠다."고 밝히면서 성남시의 재정이 투입되는 굵직한 사업인 도시정비사업, 판교택지개발사업, 위례지구 택지개발사업, 성남 일자리창출 사업 추진, 야탑밸리 조성 등에 대한 개략적인 보고를 진행한 뒤, 각 분과별로 세부적인 사업보고를 진행하였다.

민선5기 시정을 운영하기 위해서는 민선4기 시정 사업의 연속성을 파악하고, 재정 상황이 날로 열악해 가는 성남시의 가용재원 확보를 위한 방안을 시급히 마련하는 게 중요하였다. 가용재원이 확보가 안 되면 시정 정책을 만들고 추진하려 해도 재정이 없어 못하는 비상상황이 발생할 수밖에 없다.

이러한 재정 상황을 일부 파악한 이재명 시장 당선자는 위례신도시와 고등동 보금자리주택지구 지정에 관한 개발주권을 확보하기 위한 추가 행정협의 절차의 중지를 즉시 요청하였다. 또한 요청사항과 더불어 향후 시 행정 사업을 위해서는 재정이 필요한데 가용재원 확보 방안을 위한 구체적인 대책을 보고해 달라고 추가 주문하였다. 당연한 주문이었다.

성남 부시장은 아주 일상적인 행정만 진행하고 있고, 대외적으로 협의를 하는 행정은 중지를 했다고 보고했다. '가용재원 확보 방안'에 대해서는 "경기도 좋지 않고 시 예산도 2조 4천억 원에서 1조 7천억 원으로 줄어드는 등 살림살이가 어렵지만 가용재원의 확보 방안 마련을 위해 노력하고 있는데 TF팀 차원에서 별도로 보고를 하겠다."고 했다. 그러나 제1차 전체 시민행복위원회 운영이 끝나가도록 '성남시 가용재원 확보방안'에 대해 보고를 하지 않아 의구심을 갖게 했다. 준비 부족으로 별도로 보고를 하겠다는 것이다.

민선4기 성남시가 추진했던 초호화청사 건립과 판교특별회계 전용 등으로 성남시 재정위기 파탄설 논란이 제기되었던 성남시 의회에서도 가용재원 확보 방안 마련을 위한 대책 마련 요구에 '모르쇠'로 일관하는 등 자료를 제출하지 않아 물의를 빚은 바 있었다.

1공단 전면 공원화 사업과 성남시립병원 건립

1공단 전면 공원화 사업과 성남시립병원 건립 사업은 시민이 참여하고 시민이 주인 되어 추진한 시민정책 사업이다. 성남시 정책 사업 중 시민행복위원회가 가장 심혈을 기울여 검토하고 실행방안을 내놓아야 하는 사업이다.

수정구, 중원구 주민들이 숨 쉴 수 있는 환경을 만들어내는 중요 사업이 1공단 전면 공원화 사업이다. 수정구, 중원구 주민은 맘껏 쉴 수 있는 공원이 주변에 없다. 분당구 주민과 비교하여 열악한 환경 조건에 있는 것이다. 토지주들의 반발을 이겨내고 1공단 전면 공원화 사업을 추진할 방안을 찾아내야 했다.

2010년 지방선거 개표방송을 보고 있는 이재명 성남시장
후보와 김미희 후보.

 시민행복위원회는 이재명 시장 당선자 1순위 공약사항으로 1공
단 녹지문화공간 조성사업과 성남시립병원 건립사업을 꼽았다. 성남
시 실무 공무원들의 문제점투성이 보고서 제출에 따른 미온적이고
소극적인 태도도 있었지만 당선자 공약사항 이행을 위한 시민행복위
원회의 구체적인 해결방안 로드맵이 보이지 않았다. 정치권의 이견
과 이해당사자들의 이권이 걸린 사업은 최대한 빠르고 구체적인 방
안이 마련되어 시민을 설득하고 추진해야 한다.
 '1공단 녹지공원 조성사업'은 1공단 부지 전체 공원화와 공원 녹
지 면적 추가확보 방안 등 두 가지 보고서를 제출했다. 하지만 공무
원들은 민선5기 이재명 성남시장 공약사항 수정의 불가피성과 인센

티브 부여에 따른 특혜 논란을 우려하면서 사업추진에 난색을 표명하였다. 객관적 어려움을 뚫고 해결방안을 만들어야 했다.

공무원들이 1공단 녹지공원 조성사업에 난색을 표한 근거는 두가지였다. 하나는 약 만 평 정도의 1공단 전체 부지를 공원으로 조성할 경우 '2010 도시기본계획'에 부합하지 않아 현재 결정되어 있는 도시개발구역을 해제해야 한다는 것이다. 또 하나는 예산상의 문제와 더불어 법률상 문제로 토지 소유자와 손해배상 등 법적 분쟁이 불가피하다는 것이다.

두 번째가 가장 어려운 일이었다. 개발사업에 따른 이익을 소수의 토지 소유주가 독점하는 것이 아니라 수정구, 중원구 주민의 삶의 질을 향상시키는 공공성 확대에 중심이 맞춰져 추진해야 한다. 예산과 법적 분쟁이 따른다 하더라도 1공단 녹지공원조성사업 추진방안이 1공단 전면 공원화에 맞게 설계되고 추진돼야 한다는 데는 이견이 없었다. 수정구, 중원구 주민들에게 1공단 공원화는 반드시 실행되어야 할 공약이었다. 사람이 사람답게 사는 데 꼭 필요한 휴식 공원을 만들 수 있는 유일한 공간이 1공단이기 때문이다.

대형사고, '업무보고' 중단 사태

시민행복위원회는 6월 11일부터 성남시 집행부를 비롯한 시 출연기관들에게 업무보고를 받았다. 성남시설관리공단의 경우 자료의 부실로 인해 업무보고가 중단됐다. 시민행복위원회 인수위원회 활동은 15일이지만 실제 보고 받는 시간과 전체회의 결과보고서 작성

기간을 빼면 10일 정도의 짧은 활동 기간이다. 이 짧은 인수위원회 활동 기간에 시정 운영 방향 설정, 정책 입안, 당선자 정책 공약 점검, 핵심 정책 선정 등을 하고 결과보고서를 작성하여야 한다.

성남시 각 부서와 출연기관들이 제대로 된 업무보고를 하지 않으면 인수위원회 활동은 난관에 부딪힐 수밖에 없다. 공무원들은 보고 기간이 짧아 어려움이 있었겠지만 시장권력 교체로 인한 심리적 공백 현상도 큰 듯했다.

시민행복위원회 도시건설분과(분과위원장 박종수)는 업무보고 둘째 날인 14일 성남시설관리공단의 업무보고를 받을 예정이었다. 그러나 공단 측이 제출한 업무보고서가 기본현황도 제대로 담지 못해 매우 피상적이고 부실하다는 점을 지적하고, 16일까지 제대로 된 현황을 담아 업무보고할 것을 주문했다. 공단 측에서 제출한 자료는 기본적인 현황 자체가 업무보고 자료에서 누락됐다. 수영장, 빙상장, 야구장, 축구장, 헬스장 등 10여 개 부서가 있는 탄천종합운동장의 경우, 2개밖에 제출하지 않아 현황 파악이 어려워 업무보고를 받을 수가 없었다. 공단 운영 실태를 파악할 수 있는 수입지출 내역도 없이 총괄 예산안만 나와 있었다. 향후 시정 운영 방향을 설정하기 위한 구체적인 자료 현황 파악이 무엇보다 중요한데 핵심자료가 누락되어 업무보고를 받을 수 있는 조건이 아니었다. 심지어 이러한 문제점을 지적하는 인수위원들에게 관계자가 언성을 높이는 등 고압적인 자세로 일관하는 이해할 수 없는 상황이 연출됐다. 물리적 시간의 부족함을 탓한다 하더라도 도저히 납득할 수 없는 업무보고 행태였다.

그래서 시민행복위원회는 공단이 운영을 맡고 있는 실태를 비롯해 지방공기업의 경영 상태를 파악할 수 있는 재무제표, 공단 구조조정 이후의 인사채용 실태 등의 구체적인 자료를 요구했다.

성남시설관리공단 업무보고는 도시건설분과에 이어 행정기획분과에서 또 발생하였다. 성남시설관리공단의 부실한 업무보고가 계속 물의를 일으켰다. 행정기획분과 업무보고 진행 과정에서 성남시설관리공단 이사장의 과민반응과 과도한 대응이 문제가 되기도 했다. 인사문제와 민원문제에 관해 질의하는 과정에서 성실하게 답변하기보다 개인 신상 관련 발언을 쏟아내는 등 공격적인 태도로 일관했다.

성남시설관리공단의 부실한 업무보고 행태는 계속됐다. 더 이상 정상적인 업무보고 진행이 어렵다고 판단되어 서면으로 질의와 답변을 대신하기로 결정하고, 100만 성남시민들을 무시하고 우롱하는 이러한 행태는 반드시 시정되어야 하며 재발 방지 대책을 마련할 것을 주문하였다.

민선5기 성남시정 운영방안 윤곽 드러나

6월 17일 제1차 전체회의를 갖고 분과별로 실시한 업무보고 내용과 함께 공약사항 검토내용 등 그동안의 활동사항을 보고했다. 8일간의 1차 활동을 평가하고 정리하는 시간이다. 야권의 지방권력 장악으로 연합군 성격의 인수위원회를 구성하고 업무를 본 1주일간의 금쪽같은 시간을 평가하는 자리이다.

성남시 민선5기 인수위원회인 '시민이 행복한 성남기획위원회'(시민행복위원회)는
범야권단일후보 추진 정신을 살려 야3당과 시민사회진영을 망라한 전문가들로 구성
하고, 위원장은 민주노동당 김미희 후보가 맡았다.

무엇보다 '인화'가 중요했다. 서로 다른 공간과 자리에서 정치활동
이나 전문 영역의 활동을 해서 이질감이 있었으나 인수위원회 중심
으로 단합과 인화를 지키는 선에서 업무를 진행해 왔다. 인수위원장
인 나 또한 시정 집행부의 입장에서 업무를 바라보는 태도를 견지하
고, 시정 철학에 맞는 정책과 현실성 있는 정책을 우선순위로 조정
해야겠다고 생각했다.

시민행복위원회 소속 위원들을 상대로 비공개로 진행한 공약설명
회에 이어 점심식사 후 시작한 분과별 활동보고는 행정기획분과, 경
제환경분과, 도시건설분과, 문화체육복지분과 순으로 진행했다.

분과별 업무보고 후 성남시청 본청의 인사 권한 문제와 시립병원
건립 기간 단축문제, 성남문화재단의 역할이 230억 원에 달하는 방

대한 예산에 비해 시민들에게 골고루 혜택이 돌아가지 않는다는 문제점 등을 지적했다.

구청과 달리 본청의 인사 권한을 자치행정과에서 행사하는 이유에 대한 파악이 필요했다. 필요하면 한 부서에서 인사 권한을 행사하는 것이 좋다며 원상복구 주장이 나왔다. 성남시립병원 건립은 의료 공백 사태가 장기화되고 있고, 20만 성남시민의 서명, 주민발의 조례 제정 등을 감안할 때 시급히 건립하는 방안을 마련해야 한다는 공감대가 형성되었다. 시립병원 건립 공사기간을 단축할 수 있는 방안을 마련하는 것은 가장 중요한 업무였다. 지금도 성남시립병원 건립공사는 지연되고 있다. 당시 공기 단축 방안을 면밀히 검토하고 대안을 만들어 제기했다면 성남시립병원은 벌써 건립되었을 수도 있다. 가장 마음에 걸리고 안타까운 사업이다. 1공단 공원화 사업도 시민들의 삶의 질을 높이고 성남시 환경정책의 시금석이 되는 사업으로 어떠한 어려움이 있더라도 최우선적으로 추진되어야 하는 과제였다.

민선5기 성남시정 밑그림

2010년 7월 1일 민선5기 출범을 앞두고 있었다. 29일 시민행복위원회는 그동안의 활동을 집약한 총괄보고서 발간식을 하고 이어 해단식을 진행했다. 이재명 성남시장 당선자에게 전달한 보고서에는 약 3백 쪽 분량으로 성남시정 현황과 함께 앞으로의 정책 방향에 대한 제안이 담겨 있었다. 나는 "인수위원들과 자문위원들이 15일이라는 짧은 기간에 만들기 위해 잠도 제대로 자지 못하고 만든 총괄보고서가 시민들에게 희망이 되는 보고서이길 바란다. 4년 동안 성남시정을 운영해 나가는 과정에서 큰 밑거름이 되지 않을까 생각한다."고 말했다.

3백 쪽의 보고서 외에 시민들에게 그간의 활동을 소개하는 차원에서 40여 쪽 내외로 축약한 보고서 요약본을 별도로 만들어 배포하기로 했다. 시민들에게 먼저 보고하고 정책 공약을 반드시 지키겠다는 다짐을 하는 의미였다.

시민행복위원장으로 활동하면서 15일 동안 매일 적게는 2건에서 많게는 5건씩 민원을 접수했다. 시민행복위원회 집무실로 사용한 구 성남시청사에는 짧은 기간에 많은 분들이 찾아왔다. 직접 방문해 민원을 전달한 시민보다 오지 못하고 끙끙 앓은 시민이 더 많았을 것이다. 시민들을 찾아가서 아픔과 절망, 어려움을 해결하는 민선5기 시정이 되면 더 바랄 게 없겠다고 당부했다.

우리 부부의 꿈, '성남시립병원 설립'

이재명 성남시장은 성남시립병원설립운동을 통해 탄생한 정치인이며 행정가이다. 이재명 시장이 범야권 단일후보로 당선되면서 수정구, 중원구 지역 의료 공백 해소와 성남시립병원 건립이 탄력을 받게 되었다. 나는 민주노동당 때부터 당원들과 시민들과 함께 시민건강권 회복과 성남시립병원 건립을 위해 불철주야 뛰어다녔다. 남편은 시립병원 건립 운동을 주도하다 구속되었고, 집행유예 판결을 받았다. 우리 부부의 시립병원에 대한 사랑과 애정은 그 누구에게도 뒤지지 않았다.

시민행복위원회 인수위원장을 하면서도 성남시립병원 조기 건립 방안을 마련하려고 신경을 썼다. 인수위원회 기간이 끝나갈 즈음 시민이 안심하고 찾아갈 수 있는 성남시립병원 조기 건립을 위한 정책 간담회를 개최하여 오종희 한국보건사회진흥원 연구위원, 중앙대 의과대학 이원영(예방의학교실) 교수, 순천향대 박윤형 의과대학장, 성남시립병원설립운동본부 하동근 공동대표가 참석하여 시립병원 설립 의의와 필요성 등에 대해 토론을 벌였다.

나는 시립병원 조기 건립으로 수정구, 중원구 지역 의료 공백을 해소하고, 시청사 이전에 따른 지역상권 붕괴와 공동화현상을 극복해야 함을 강조했다.

이재명 성남시장 당선자는 성남시립병원 설립을 위한 제1차 주민발의 조례 대표 청구인이며 집행위원장이었다. 당시 사무국장이 남편이었다. 더 이상의 정치논리와 비정상적인 왜곡 논리를 청산하고 5백 병상 이상 규모의 성남시의료원을 조속히 설립하는 절차만 남은 듯했다.

시립병원 하면 운영 적자 논리와 저소득층만을 위한 병원이라는 정치공세와 수준 낮은 병원이라는 매도가 주요 논쟁거리였다. 성남시의료원은 지역거점병원 역할을 하는 공공병원으로서 의료 서비스의 질을 향상시키고 차별화할 수 있는 방안은 얼마든지 있다.

철도 등 공공시설에서 보다시피 공공의료도 적자가 불가피한 측면이 있다. 사회안전망 차원에서 의료공공성에 기여해야 하는 측면도 있다. 그러나 나는 이러한 '착한 적자'도 극복해야 한다고 본다. 성남시 재정이 많다 하더라도 시민의 힘에 의해 건립되는 성남시의료원은 향후 나타나는 시련과 난관을 시민의 힘으로 이겨내야 한다.

안심이 되는 또 하나의 요인은 공공의료에 대한 성남시정 운영책임자인 이재명 시장의 관점이 분명하다는 점이다. 성남시의료원이 개원하면 나는 제일 먼저 달려가 진료를 받고 싶다.

인수위원회 총괄브리핑에 대한 기억

총괄보고서 머리말에서 민선5기 슬로건으로 '시민이 행복한 성남, 시민이 주인인 성남'을 권했다. 시민 편에 서서 시민이 행복한 성남을 만들기 위해 함께 노력해 나가는 일만 남았다.

시민행복위원회는 성남시정 사상 최초로 향후 시정개혁과 발전을 위한 새로운 시민연대 주체 형성의 가능성을 보여주었다. 시민행복위원회 총괄보고서 머리말의 마무리는 다음과 같다.

"남들이 가지 않은 길을 따라 낡은 것을 개혁하고 새것을 창조하는 길은 언제나 고난이 따를 수밖에 없는 길이고 그만큼 시정개혁의 과제는 쉽지 않은 일이다. 그러나 이제 당선자는 혼자가 아니라, 눈이 오나 비가 오나 성남시민과 희로애락을 함께하며, 언제나 성남시민과 함께 희망찬 미래를 만드는 길로 나아갈 것이기 때문에 어떤 고난도 그 앞길을 막을 수 없을 것이다."

진보진영의 선거연합은 선택이 아니라 필수

'선거 농사'와 연합정치의 과제

연합정치는 진보정당의 독자성과 주도성을 전제로 한다. 2010년 6·2 지방선거 이래 거둔 선거연합의 부분적 성과 역시 민주노동당 10년의 축적된 역량이 있었기에 가능했지, 저절로 얻어진 게 아니다. 자기 힘에 기초하지 않은 연대연합은 성립하지 않는다. 당의 힘을 키워야 한다는 말에는 동의하지만, 당의 독자성을 강화해야 한다는 말이 연대연합을 하지 말고 독자노선을 걷자는 뜻은 아니다.

뿌리가 튼튼해야 줄기가 곧게 자라고 잎이 무성하며 예쁜 꽃이 피고 풍성한 열매가 맺는 법이다. 선거 농사 또한 마찬가지다. 근본을 잊지 말아야 한다. 예속과 독재의 황무지, 분단의 동토에서 온갖 탄압을 물리치며 진보정당을 건설하고 지켜온 당원들의 헌신과 희생이 있었기에 연대연합에 주도적으로 나설 수 있었고 성과를 거둘 수 있었다.

2010년 6·2 지방선거-7·28 재보선-10·27 재보선-2011년 4·27 재보선을 통해서 확인된 야권연대의 위력에서 보듯이 연합정치는 향후 총선, 대선, 지방선거에서 일관되게 견지해야 할 전략이다. 2016년 총선과 2017년 대선에서도 특별한 변수가 없는 한 1:1 대결 구도를 만들지 않으면 새누리당의 재집권을 저지하기 어려울 것이다. 따라서 2017년 정권교체기에 진보개혁진영의 선거연합은 선택이 아니라 필수이다.

선거연합의 본질은 정책연합이며, 외화된 형식이 권력의 배분이다. 따라서 선거연합에서 더욱 주목해야 하는 것은 정책연합이다. 정책연합보다 권력의 배분을 중시하는 것은 본말이 전도된 현상이다. 정책연합이 빠진 채 단지 새누리당과 1:1 구도를 만들어서 선거에서 승리하고 보자는 일회성 정치공학의 셈법에 그쳐서는 국민의 굳건한 신뢰를 얻기 어렵다.

정책연합은 선거승리를 위한 일회용 장식품이 아니라 이행을 전제로 하는 것이며, 그 이행을 어떻게 담보하는가가 중요한 과제이다. 합의된 정책의제에 대한 실행계획을 구체적으로 입안하고, 이에 입각해 인사를 하고 예산을 확보하는 등의 후속 작업이 필수적이다.

연합정치는 승자 독식의 정치가 아닌 새로운 협치(governance)의 모델을 만들어가야 한다. 선거연합에 함께한 세력이 모두 참여하는 위원회를 구성하고, 정책연합에서 합의한 의제 중에서 반드시 이행할 우선순위의 공약을 선정하여 함께 참여하고 협력하는 방식으로 실현해 나가야 한다. 연합정치가 단지 선거에서 이기기 위한 선거공학적 산물이 아니라는 것을 당선 이후 실행으로 제대로 보여주어야 유권자에게 연합의 진정성을 인정받고 지속적인 지지를 얻을 수 있다.

2010년 3월 8일, 야5당의 정책연합 1차 합의문이 채택되었다. 이 합의문은 민주노동당의 5대 핵심 민생분야(일자리, 교육, 의료, 복지, 주거)를 비롯하여 4대강 사업, 세종시, 국가재정 등 12개 분야의 정책과제를 망라하고 있다. 나아가 노사관계(교사·공무원 노동3권, 산별교섭 제도화 방안 등), 교통·에너지환경세의 환경세로의 전환, 취약 노동계층 문제 해결방안(최저임금 수준의 개선, 비정규직 사용 사유제한, 원청 사용자성 인정 등), 한미FTA 포함 통상정책 등의 분야에서도 공동의 비전과 정책을 개발하기 위해 노력한다는 합의를 포함하였다.

4월 15일, 진보신당을 제외한 야4당 정책연합위원회는 2차 공동정책 합의문을 채택하였다. 여성, 환경, 노동, 농업, 통상정책 등 8개 분야의 공동정책을 마련한 것이다. (공동정부 합의시 '8대 공동정책'을 '8대 공동정책 및 지방공동정부 운영'으로 대체하기로 함.) 4당은 이 공동정책을 2010년 6월 지방자치 선거에 공약으로 활용하고, 그 활용 여부를 시민4단체와 함께 평가하고, 이후 공동이행을 위한 작업을 추진하기로 하였다.

6·2 지방선거를 앞두고 야당과 시민단체들이 가치와 정책 연합을 중심으로 하는 선거연합을 추진한 것은 사상초유의 일로서 그 의의를 아무리 강조해도 지나치지 않다. 비록 반MB 선거연합이 전국적 범위의 전면적인 연합공천에 합의하지 못함으로써 아쉬움과 실망감

을 안겨준 것은 사실이지만 정책연합 합의문을 도출한 것은 연합공천 못지않은 소중한 성과로 강조되어 마땅하다.

이번 선거연합의 경험과 교훈을 살려서 성과를 계승하고 한계를 극복하는 일, 곧 정책연합과 함께 연합공천까지 실현하여 연합정치를 한 단계 발전시키는 일이 진보정당의 향후 과제였다. 당시에 민주노동당은 이명박·한나라당 정권을 심판하고 진보정치 실현의 교두보를 마련함으로써 민중의 여망에 부응하는 대안의 정치세력으로 성장하여야 했고, 그 비결은 연합정치의 실현이었다.

선거연합과 '목적을 위한 결혼'

2010년 6·2 지방선거 승리의 비결은 연합정치의 실현에 있었다. 그런데 선거 시기의 연합정치, 곧 선거연합이 성사되기 위해서는 연합정치에 대한 올바른 이해가 필수적이다.

독일 사람들은 연정(연합정부)을 '사랑 때문에 맺어진 결혼(Liebesheirat)'이 아니라 '목적을 위한 결혼(Zweckheirat)'이라고 설명한다. 냉정한 손익계산에 의거한 '합목적적 합리성'이, 좋아한다거나 또는 싫어한다는 식의 감정에 좌우되는 '실체적 합리성'보다 먼저라는 뜻이다.

《논어》를 빌려서 연합정치를 설명하면 '화이부동'이라고 할 수 있다. 공자는 《논어》의 '자로(子路)' 편에서, "군자는 화이부동(和而不同)하고 소인은 동이불화(同而不和)한다."고 설파하였다. 다른 사람과 생각을 같이하지는 않지만 이들과 화목할 수 있는 군자의 세계를

'민주진보개혁세력이 야권연대, 후보단일화하여 새누리당을
심판하라'는 것은 민주시민의 지상명령이었다.

밖으로는 같은 생각을 하는 것처럼 보이나 실은 화목하지 못한 소인
의 세계와 대비시킨 말이다.

그렇다면 한국의 정치 현실은 어떠한가? 연합정치를 촉진하기는
커녕 오히려 구조적으로 가로막고 있다. 한국 정치는 지역주의의 볼
모가 된 정치구조, 정책이 아니라 인물이 좌지우지하는 정당구조를
탈피하지 못하고 있다. 그래서 한국 정치인들은 합리적인 정치 행위
의 부재나 결손을 위장하기 위하여 정치적 상징이나 이미지 조작에
매달리곤 한다.

또한 상호인정의 정치문화가 아니라 승자독식의 체질이 고질화된
것이 한국 정치의 현실이다. 선거에서 정책 공약이란 기껏해야 유권
자의 환심을 사기 위한 장식품에 불과할 따름이다. 이런 정치 환경

에서는 정책연합에 기반한 선거연합이란 이상에 불과할 뿐 전혀 현실성이 없는 것으로 치부될 수밖에 없다.

연합정치를 가로막는 제도적 제약 또한 간과할 수 없다. 국가보안법이라는 악법과 선거법상의 제약이다. 흑백논리의 이분법을 강요하는 국가보안법 체제 아래서 연합정치는 논의조차 쉽지 않은 상황이며, 결선투표제가 없는 선거법이 존재하는 한 합리적인 선거연합 협상을 기대할 수 없다.

선거연합과 관련하여 지난 정치사를 돌아볼 때 우리는 자연스레 YS의 3당 합당, DJ의 DJP연합을 떠올리게 된다. 특히 YS의 3당 합당은 개인의 대권욕에 사로잡혀서 대의와 민심을 저버린 변절과 야합의 정치라고 지탄받았다.

2010년 6·2 지방선거를 앞두고 '연합정치'가 공론화된 것은 정치사에서 의의가 있다. 야5당과 시민단체들이 가치와 정책 연합을 중심으로 하는 선거연합을 추진한 것은 성패에 관계없이 그 자체만으로도 중요한 역사적, 정치적 의미를 가진다. 성남에서 일찌감치 연합정치 실현을 위해 2010년 지방선거를 준비한 것을 자랑스럽게 생각한다.

6·2 지방선거의 선거연합

2010년 1월 12일 제안으로 '5+4' 회의(야5당+4개 시민단체)로 출발하였다가 당시 진보신당이 빠진 상태에서 '4+4' 회의를 통하여 정치협상이 진행되었다. 협상은 우여곡절을 겪으면서 3개월 넘게 진행되었고 타결 일보직전까지 갔으나 결국 유종의 미를 거두지 못하였다. 정치연합을 통해 현 정권의 일방통행식 전횡을 심판하고 견제할 것을 열망해온 국민들에게 큰 실망을 안겼다.

일부 소수정당들에서는 제1야당의 행태를 심판하는 일을 정권에 대한 심판보다 앞세우려는 정서가 있는 것 같았다. 또한 국민들의 반MB 정서에 기대면서 정치연합 없이도 얻을 수 있는 반사이익에 만족하려는 민주당의 자세에 실망하지 않을 수 없었다.

선거연합이 성사되어 연합 후보에게 표를 몰아주었더라면 쉬운 승리를 거둘 수 있었을 것이다. 그런데 선거연합의 결렬로 반MB를 하되 야권연대를 저해하는 세력에 대한 심판을 수반하는 정교한 반MB를 해야 하는 복잡한 상황이 되었다.

당시에 전국 범위의 포괄적인 선거연합이 무산된 것은 안타깝기 그지없지만 가능한 범위에서 다양한 방식의 연대가 이루어진 것을 과소평가해서는 안 될 것 같다.

전국 차원의 전면적 선거연합은 실패했지만 지역 단위의 연합이 성사되었고 인천, 대전, 부산, 울산, 경남 등에서 좋은 열매를 맺었다. 이러한 밑으로부터의 움직임이야말로 대중 참여의 원칙을 실현한 소중한 성과이며 앞으로 더욱 확산시켜 나가야 할 모범 사례이다. 전면적 선거연합이 안 되더라도 지역별 연합, 후보별 연합, 또는 전국적 연대가 가능한 당끼리의 연합 등 다양한 연대를 하였다. 그리고 지방공동정부를 약속하고 다양하게 시도하였다.

2010 지방선거 정치연합을 단순한 지방선거 전략이 아니라 향후 총선과 대선, 나아가 이후의 국정 운영을 준비하는 한국정치의 비

약적 발전으로 인식할 필요가 있다. 긴 안목으로 연합정치의 터전을 닦는 것은 물론 국민들의 지혜가 발휘되도록 민주개혁세력은 노력을 경주해야 할 것이다.

승리의 길, 진보정치세력 대통합

6·2 선거를 앞두고 공안당국은 교사, 공무원, 노동자의 당원 가입 혐의를 빌미로 진보정당에 대한 전방위적 탄압을 자행하였다. 본격적인 선거운동에 돌입하기도 전에 민주노동당은 정권의 탄압을 분쇄하기 위한 투쟁에 나서지 않으면 안 되는 엄중한 상황에 직면하였다.

당직자와 당원들이 당사에서 농성을 계속하고, 공안당국의 서버 탈취 위험 때문에 당비 인출이 안 되고, 인터넷 투표시스템조차 가동하지 못했다. 이런 비상 상황에서 당은 3월 1일 중앙위원회와 임시대의원대회를 통하여 당의 지방선거방침을 확정하고, 당 탄압 분쇄와 선거 승리라는 양대 과제를 실현하기 위하여 선거전에 돌입하였다.

당은 어려운 조건에서도 여성후보 30% 할당제를 실현하였고, 최선을 다하여 후보를 발굴하여 5개 광역단체장 후보를 비롯하여 전국에서 447명의 후보가 출마하여 완주하였다.

또한 6·2 지방선거 결과는 '야권연대 실현을 통한 MB 심판'이라는 진보정당의 노선이 정당했음을 증명해 주었다. 민주노동당은 지방선거에서 142명(기초단체장 3명, 광역의원 24명, 기초의원 115명

진보정치 대통합은 반새누리당 연대에서 진보세력의 주도성을 강화해 주는
작용을 하며, 반새누리당 연대는 진보정치 대통합과 진보정당의 성장에 유
리한 환경을 조성해 주는 효과가 있다.

당선)의 역대 최다 당선자를 냈다. 야권연대 실현 과정과 야권 단일
후보 당선을 위한 헌신적 활동으로 시민사회와 국민으로부터 진보정
치의 진정성을 인정받고, 정치적 권위와 신뢰를 획득하는 무형의 귀
중한 성과를 거두었다. 민주당도 야권 단일후보를 낸 지역에서는 한
나라당 집권 단체장을 제치고 승리하였고, 지방의회에서 다수당이
되는 성과를 거두었다.

2010년 6·2 지방선거에서 진보개혁진영이 배워야 할 교훈은 무
엇일까?

첫째, 선거연합을 실현하였다. 6·2 지방선거에서 진보개혁진영이
당시 이명박·한나라당 정권에 맞서 승리하는 길은 1:1 대결 구도를

만드는 것이었다. 반MB 선거연합의 실현은 이명박·한나라당 정권 심판을 열망하는 민중의 한결같은 여망이었다.

△이명박·한나라당 정권 심판 △진보개혁적 가치와 정책의 공유 △진보개혁세력 대단결을 위하여 '5+4' 회의라는 반MB 정당사회단체 선거연합협상기구가 구성되어 활동할 수 있었던 것도 민심의 뜨거운 열망이 작용했기 때문이다.

우리 정치사상 초유의 역사적인 시도인 야권선거연합이 비록 전국적 범위의 전면적인 수준에서는 실현되기 어려운 위기에 봉착했으나, 인천과 대전을 비롯하여 지역별로 부분적 연합공천과 후보단일화 및 정책연합이 성사되어 소중한 결실을 맺었다.

둘째, 진보정치세력의 대통합을 실현하는 것이었다. 6·2 지방선거에서 이명박·한나라당 정권을 심판하고 진보진영의 정치적 영향력을 확대하기 위해서나 대선과 총선에서 승리하고 민중에게 희망을 주는 대안 정치세력으로 도약하기 위해서도 진보정치 대통합은 더이상 미룰 수 없는 절박한 과제였다.

진보정치 대통합이 노동자, 민중의 정치적 참여를 확대하여 한국 사회의 미래를 책임지는 진정한 대안세력을 창출하는 밑거름으로 되기 위해서는 아래로부터의 통합운동이 활발히 일어나야 했다. 지난 시기 진보정당의 분열사태는 대중의 기대와 신임을 저버린 상층의 분열에서 기인하였다. 선거를 앞둔 절박한 시기인데도 진보정치세력의 통합작업이 지지부진한 작금의 상황은 대중이 주체로 서서 아래로부터 강력한 통합운동이 전개되지 않으면 민중의 여망이 실현될 수 없다는 사실을 엄중하게 일깨워주었다.

누구나 인정하듯이 2010년 6·2 지방선거 승리의 비결은 연합정치의 실현이었다. 이후에도 연합정치를 실현하기 위하여 진보정치 대통합과 반박근혜·반새누리당 연대가 병행 추진되어야 했다.

진보정치 대통합은 반새누리당 연대에서 진보세력의 주도성을 강화해 주는 작용을 하며, 반새누리당 연대는 진보정치 대통합과 진보정당의 성장에 유리한 환경을 조성해 주는 효과가 있으므로 양자택일이 아니라 양자를 병행 추진하는 것이 맞다.

반박근혜·반새누리당 연대가 현 정권에 맞서 승리하기 위한 노선이라면, 진보정치 대통합은 진보진영의 단결을 실현하여 미래의 대안세력으로 도약하기 위한 전략이다.

두 걸음

2012년 성남시 첫 여성 국회의원 당선의 역사

시민에게 복지를,
청년에게 일자리를,
부자에게 세금을!

진보국회의원 탄생의 열망

2012년 임진년 새 아침의 희망

2012년 임진년 새 아침이 밝았다. 진보가 열어가는 희망의 시간이 성남 수정구에서 열리길 바랐다. 시민이 승리하는 새 시대를 열고자 하는 열망은 그 어느 때보다 높았다. 지난 60여 년간 한국 사회를 장악했던 무능하고 부패한 기득권 정치세력이 몰락하고, 참신하고 유능한 진보정치세력이 한국 사회를 주도하게 될 가능성이 생긴 것이다.

2012년 새로운 정치를 바라는 시민의 열망으로, 국회의원 선거에서 성남이 한 번도 경험해보지 못한 진보정당 국회의원 당선의 길을 열고 싶었다. 정치적 격변이 일어날 가능성과 토대는 무르익었다. 통합진보당이라는 강력한 대중적 진보정당도 만들었다. 이제 출전할 대표선수들이 앞으로 나가 돌풍을 일으킬 일만 남았다.

김미희 후보는 당선 뒤에도 첫 마음을 유지하고 청년실업, 반값 등록금, 비정규직, 주거문제, 4대강, 민주주의 회복, 노동법 재개정, 중소상공인 문제 등을 해결하는 정치인이 되겠다고 다짐했다.

　사회를 변화시키기 위해 오늘이 있기까지 우리에게는 두 번의 기회가 있었다. 1987년 6월, 시민항쟁과 노동자 투쟁으로 직선제 헌법을 쟁취했지만 독재세력을 말끔히 청산하지 못했다. 2004년 민주진보개혁진영이 과반의석을 확보하여 국가보안법 철폐 등 과감한 사회개혁을 이룰 기회를 얻었다. 하지만 참여정부의 우유부단함 때문에 목표를 이루지 못했다.

　1987년 노동자 대투쟁 이후 성장해온 민중진영과 2004년 총선 승리를 만들어냈던 시민세력이 힘을 합쳐 민주주의, 평화, 노동 존중, 정의의 가치가 구현되는 나라를 만들어갈 기회가 생긴 것이다.

　통합진보당은 시민과 함께 승리하고자 하나가 되었다. 선명하고 힘 있는 대중적 진보정당으로 성남에서부터 정치혁신을 주도하고 새로운 변화를 이루어내고자 했다.

성남에서 진보정당의 첫 여성 국회의원으로 당선되어 지역사회의 변화와 서민들의 삶의 질을 보장하고, 진보적 복지를 실현하며 우리 사회 개혁의 지렛대가 되겠다는 다짐을 했다. 진보적 개혁을 이루기 위해 야권의 힘을 하나로 모아야 하는 정치적 과제가 앞에 놓였다. 진보정당을 비롯한 야권의 분열로 2008년 총선에서 야권이 완패하는 결과가 나왔다. 분열하면 시민들이 어떤 선택을 하는지 뼈저리게 경험한 것이다.

민주진보개혁진영이 단결해야 총선 승리와 진보적 정권교체를 이룰 수 있다. 2012년 승리의 중요한 열쇠인 야권연대도 통합진보당이 힘을 가질 때 더욱 잘 이루어질 수 있다고 보았다. 또한 통합진보당의 힘은 총선 승리와 정권교체 이후에 민주정부 10년보다 더 진전된 개혁의 추동력으로 작용하리라 기대했다.

공공병원 대 특혜 병원 추진 세력의 대결

한나라당 신상진 의원이 주도한 지방의료원 설립 및 운영에 관한 법률 일부 개정안 처리에 대한 입장을 통합진보당 성남시 중원구 윤원석 예비후보와 발표했다. 신상진 의원이 추진한 개정안은 시민을 무시하고 의료공공성을 포기하는 기만적인 내용을 담고 있었다.

2011년 12월 30일 한나라당 신상진 국회의원이 주도한 지방의료원 설립 및 운영에 관한 법률 일부 개정안이 국회 본회의에서 의결되었다.

지방의료원법 일부 개정안은 제26조(권한 및 운영의 위임 위탁)에서 "지방의료원의 대학병원 등에 대한 위탁 운영에 관한 사항은 해당 지방자치단체의 조례로 정한다. 이 경우 보건복지부 장관의 승인을 받아야 한다."로 개정한 것이다.

성남시립병원 건립은 성남시민 20만 명이 의료 공백 해소 서명에 참여하고, 4만 명이 넘는 주민이 전국 최초의 주민발의로 시작한 주민참여 공공의료정책이다. 다수당인 한나라당 시의원들의 조례로 시립병원 운영방안을 결정하는 것은 시민의 의사를 아예 무시한 폭거이다.

신상진 국회의원이 평소 주장대로 성남시립병원을 서울대병원에 위탁하는 방안을 추진하고자 지방의료원법 개정안 국회 통과를 주도한 것으로 의구심을 갖게 되었다.

시립병원은 시 직영이나 협진 형태로 운영하여 아프면 돈이 없어도 맘 놓고 치료받을 수 있는 방식, 시민의 건강권을 지켜내는 방식이 정착돼야 한다. 주민이 원하는 공공병원으로 운영되어야 함은 물론이다. 시립병원에서는 적정하고 저렴하며 믿을 수 있는 우수한 진료를 받을 수 있어야 한다. 대학병원 같은 경우 행위별 수가제, 의사 성과급제 등으로 환자는 줄어도 진료비는 늘어나는 식의 과잉진료, 의료보험이 안 되는 비급여 항목이 많다. 결국 환자에게 비싼 치료비를 받는 영리활동을 하고 있다. 대학병원 위탁은 수정구, 중원구 주민의 의사와 염원에 반하는 운영방식인데 다수당인 한나라당이 힘으로 조례를 개정한 것이다. 주민들이 직접 참여하여 주민발의 조례제정운동을 통해 발의된 조례를 두 번씩이나 부결시키더니 2006년 2월 새누리당 소속 시의원들이 대학병원에 반드시 위탁 운영하는 내용으로 수정하여 '성남시 의료원 설립 및 운영에 관한 조례안'을 통과시켰다.

윤원석 후보와 나는 "2011년 12월 30일 신상진 국회의원의 주도로 국회 본회의 처리된 지방의료원법 개정안은 무효"라고 선언했다. 지방의료원법 개정안 국회 통과와 성남시의회 2012년 예산안 날치기 처리 과정에서 시립병원 예산을 거의 전액 삭감한 한나라당 시의원들의 정치적 행위는 100만 성남시민의 민의를 배신하고 의료공공성 실현을 방해한 정치쿠데타이다.

2012년 총선에서 당선되면 시민들의 염원과 의료공공성을 훼손하는 지방의료원법을 재개정겠다고 선언했다. 성남시립병원 설립 과정에서 소수만을 위한 특혜 병원 건립을 추진하는 세력과 시민을 위한 공공병원을 추진하는 세력이 충돌해 왔다. 시민의 의견을 수렴하여 공정하고 민주적인 방식으로 추진하면 되는 사업을 힘으로 밀어붙이는 새누리당의 행위를 저지할 수 있는 유일한 해결책은 새누리당을 총선에서 심판하는 것이다.

진보세력 분열과 통합의 차이

2004년 나는 성남시 수정구에서 민주노동당 국회의원 후보로 출마했다. 1995년부터 태평3동에서 무소속 시의원으로 두 번 당선되어 동네 구석구석 발품을 팔며 주민들을 만났다. 찾아오는 민원은

2004년 총선에서 김미희 후보는 대장금 복장을 하고 성남시립병원 설립을 주장했다.

성심을 다해 해결했다. 주민들과 함께 울고 함께 웃는 청년 시의원으로서 야무지게 정치활동을 했다. IMF 직후 실직 가정 아이들의 방과후공부방 만들기, 건설노동자 무료취업센터 등 생활정치 실현을 위해 시의원 7년을 바쁘게 뛰어다녔다.

성남시의원 7년 동안의 정치활동을 통해 태평3동 주민만이 아니라 수정구 주민들의 마음을 움직여 깨끗하고 능력 있는 정치인으로 인정받고 진보정당의 여성정치인으로 성장하게 되었다.

2004년 총선에서 대장금 복장을 하고 시립병원 설립을 주장하는 모습을 보고 많은 분들이 지지 전화를 주었다. 그때 "김미희가 국회의원 할 능력 충분하다."는 소리를 많이 들었다. 그런데 한나라당의 노무현 대통령 탄핵사건 때문에 열린우리당으로 표가 쏠리는 현상이 생겼다. 이번에는 열린우리당 후보에게 양보하고 다음에 김미희가 하면 어떻겠냐는 이야기가 많았다.

이런 여론의 흐름은 누가 막을 수 있는 것이 아니었다. 열린우리당은 전국적으로 과반의석이 넘는 대승을 거두었다. 그나마 정당 투표에서는 13% 넘게 민주노동당을 지지해서 8석의 비례대표 국회의원과 2석의 지역구의원이 당선되었다. 수정구에서는 열린우리당 김태년 후보가 당선되었다.

2008년 국회의원 선거에서 다시 민주노동당 후보로 수정구에 출마하였다. 민주노동당은 2007년 대선 패배 후 심상정, 노회찬 등 일부 정치인이 탈당하는 분열의 길로 들어선 상태에서 총선을 맞았다. 2004년 국회의원 선거 때와 분위기가 전혀 달랐다. 주민들의 지지는 고사하고 냉소적인 분위기가 압도적이었다. 진보정당 분열과 더불어 탈당한 일부 진보정치 인사에 의한 종북공세는 선거운동을 더욱 어렵게 하였다.

수정구는 후보의 다자구도 속에서 김미희의 절대적인 지지층 외에는 주민들의 지지와 격려를 체감하기 어려웠다. 진보세력 분열의 대가를 몸으로 체험한 선거였다.

2012년 국회의원 선거는 대중적 진보정당인 통합진보당이 탄생하면서 그 어느 때보다도 승리의 가능성이 높았다. 민주노동당과 국민참여당, 그리고 (노회찬, 심상정 의원이 참여한) 새진보통합연대가 합쳐 통합진보당을 창당하자 국민들은 두 자릿수 이상의 지지를 보냈다. 성남에서도 야권 단일후보 적합도에서 민주통합당 후보를 이기는 여론조사 결과가 나오기도 했다. 2012년 총선에서는 수정구에서 당선이 가능하다는 확신이 들었다.

2011년 12월 수정구 총선 예비후보로 등록하고 전 인하병원사거리 농협 건물에 사무실을 차렸다. 지금까지 몇 번 선거를 경험했지만 이번 선거사무실 위치가 가장 좋았다. 선거법 상 건물 모든 공간에 현수막 등 홍보물을 제한 없이 부착할 수 있었고, 주민들에게 단시간에 홍보를 할 수 있었다.

그동안 17년 정치활동을 하며 이때만큼 당선의 감이 좋았던 적이 없었다. 이길 수 있다는 확신과 자신감은 그냥 나오는 것이 아니다. 동네 곳곳을 다니면서 주민들의 지지를 피부로 느꼈다.

민주통합당은 수정구에서 김태년, 이상호, 장영하 예비후보가 경선 승리를 위해 뛰고 있었다. 야권이 수정구에서 승리하기 위해서는 야권연대와 야권대단결의 정신을 가지고 한나라당 후보와 1 : 1 구도를 만들어내야 승리할 수 있다. 2008년 총선에서 새누리당 후보는 야권의 후보들이 난립하면서 어부지리 당선으로 국회의원이 되었다.

2012년 총선은 야권이 한나라당을 꺾을 수 있는 가장 적합하고 경쟁력 있는 후보를 선택하고, 한나라당과 1 : 1 구도로 선거를 치러야 승리할 수 있었다. 야권 단일후보는 경쟁력 있는 후보를 결정하기 위해 공정한 방안으로 단일화를 해야 한다고 생각했다. 야권 후보끼리 이전투구식 정치공세와 비난은 서로 자제할 것을 호소했다.

통합진보당이 창당하면서 2012년 총선 예비후보로 수정구는 김미희, 중원구는 윤원석, 분당갑은 전지현, 분당을은 이종웅 후보가 등록하고 지역 정치활동을 하고 있었다.

나는 수정구, 중원구 지역 현안 중 성남시의료원 운영방안을 제기

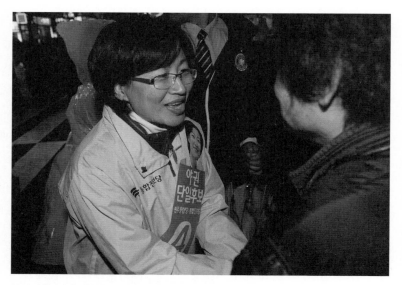

2012년 총선에 출마한 김미희 후보. 야권 지지자와 기자들의
관심사는 야권단일화를 '하느냐 마느냐'였다.

하였다. 2012년 4월 총선에서 국회의원으로 당선되면 19대 국회 입
법과제로 새누리당 신상진 국회의원 주도로 국회에서 통과된 대학병
원 위탁방안과 2012년 2월 1일 공포된 '지방의료원 설립 및 운영에
관한 법률 일부 개정안'을 폐기시키겠다고 선언했다. 전국 최초의 주
민발의로 시작한 시립병원 건립 운동의 역사를 부정하고, 시민을 배
제한 채 영리를 추구하는 대학병원에 위탁을 추진하는 정치세력을
심판하는 길은 국회로 들어가는 방도 외에는 없었다. 시립병원 건립
에 앞장선 내가 국회에 들어가 의료공공성을 강화하고, 공공병원 전
문가의 인력과 예산 지원이 가능한 법안을 발의하여 법률 제정에 나
서는 것이 시립병원 건립 운동의 역사를 계승하는 길이었다.

정책보다는 온통 야권연대

2012년 2월 말 한미FTA 폐기를 포함한 15대 정책공약을 발표했다. 한미 FTA는 우리나라의 국가주권과 경제정의를 심각하게 위협하는 불평등 협정이며, 국회의 정상적 논의를 무시하고 날치기 처리한 부당한 협정이었다. 무엇보다도 중소상인, 농민, 서민의 삶을 더욱 취약하게 만들 불안한 협정이어서 19대 국회에 들어가면 우선적으로 한미FTA 폐기에 앞장서겠다고 밝혔다.

재벌 개혁, 기간산업 공유화, 공공임대주택 확대 및 전셋값 상한제로 주거 안정을 보장하고 노동3권을 전면 보장하겠다는 정책을 발표했다. 그런데 야권을 지지하는 주민들과 기자들은 야권단일화를 하느냐 마느냐가 관심이었다.

중앙에서 야권연대 협상을 통해 야권단일화 지역을 정하고, 야권단일후보를 어떠한 방식으로 선정할지 결정하면 그대로 따르면 될 일이었다. 나는 야권 단일후보로 결정되면 최선이지만 차선책으로 민주통합당 후보와의 경선을 통해 야권 단일후보를 결정하는 지역으로 선정만 되어도 이길 자신이 있었다. 차선책으로라도 결정되는 지역구이길 바랐다.

"부자에게 세금을, 시민에게 복지를, 청년에게 일자리를~"

4·11 총선을 앞두고 재벌 3, 4세들이 골목 상권까지 넘보면서 영

세상인과 서민들이 먹고살 길이 점점 없어졌다. 통합진보당은 민주노동당 창당 초기에 제시했던 '부자에게 세금 더, 시민에게 복지 더, 청년에게 일자리 더'라는 슬로건을 다시 제시하며 총선 승리를 향해 뛰었다.

유시민 통합진보당 공동대표가 모란시장 정당연설회에 참석하여 김대중, 노무현 정부 때 빈부격차가 늘어 양극화가 심각해지고, 비정규직 노동자가 많아져 정규직의 절반 정도 월급을 받고 장시간 노동하는 사람이 많아진 것은 잘못된 점이라고 시인했다. 그러면서 국민의 정부, 참여정부가 잘한 것은 발전시키고, 부족했던 것은 바로잡는 대중적 진보정당을 만들 것이라고 지지를 호소했다.

유시민 공동대표의 연설은 성남시민들에게 호소력 있게 전달되었다. 무엇보다도 통합진보당이라는 대중적 진보정당에 희망을 기대하는 것으로 보였다.

유 공동대표는 당원들이 십시일반 모은 돈으로 정치하는 통합진보당에서 민주통합당과 힘을 합쳐 새누리당을 반드시 이기고 노무현 대통령의 정신을 계승하는 일을 펼쳐 나가겠다고 했다. 통합진보당을 전태일 정신과 노무현 정신을 잘 계승하는 정당으로 키우겠다고 호소했다.

노무현 정신을 계승한다는 것은 단지 노무현 대통령과의 인연을 홍보하는 것이 아니다. 노무현 대통령이 이루지 못한 좋은 정책들을 실행하고, 또 잘하지 못해서 아직까지도 원망 듣는 일들을 좋은 방향으로 바꾸어 새롭게 펼쳐가는 것이다.

한명숙, 이정희 대표의 야권연대 극적 합의

4월 11일 실시되는 제19대 국회의원 선거를 한 달여 남겨두고 통합진보당과 민주통합당이 '반MB-새누리당 심판'이라는 야권연대에 합의했다. 3월 10일 새벽 민주통합당 한명숙 대표와 통합진보당 이정희 대표가 극적으로 합의한 것이다.

통합진보당과 민주통합당의 야권연대 최종 합의문에서 이정희, 한명숙 대표는 "민생파탄과 부정비리로 점철된 이명박 정부와 새누리당 정권 심판, 민주주의와 평화 회복, 노동 존중 복지사회 건설이라는 국민의 여망을 받들기 위해 오늘 전국적 포괄적 야권연대에 합의했다."고 밝혔고, 총선 승리와 정권교체를 위해 크게 단결하라는 국민의 요구를 받들어 이번 4·11 총선에서 공동의 승리, 국민의 승리를 위해 야권연대에 합의한다고 선언했다.

야권연대에서 가장 관심을 모았던 후보단일화와 관련해 민주당이 15개 지역구(서울 0곳, 경기 3곳 : 성남 중원, 파주을, 의정부을)를, 진보당이 69개 지역구(서울 12곳, 경기 20곳)를 양보(용퇴 혹은 무공천)하는 한편 60개 지역(서울 21곳, 경기 23곳)에서는 경선을 치르기로 합의했다.

야권단일화 협상이 진행된 지역의 경우 경남은 전 지역에서 경선을 치렀다. 부산, 울산, 인천은 지역합의를 존중하기로 결정했다. 다만 대구·경북 지역과 호남 지역은 후보단일화 예외 지역으로 인정했는데, 합의에 의해 양보하는 지역 외의 지역구는 후보가 완주하기로 했다.

성남 지역은 수정구와 분당갑에서 통합진보당이 용퇴하고 민주통합당에서 후보를 내기로 결정했으며, 중원구는 민주통합당이 용퇴하고 통합진보당에서 후보를 내기로 했다. 분당을은 양당 후보가 경선을 실시해 단일후보를 결정하기로 합의했다.

새벽에 야권연대 합의 소식을 듣고 무척 기뻤지만 개인적으로 아쉬움이 컸다. 경선 지역으로 선정만 되었어도 민주통합당 후보와 겨뤄 이길 수 있다는 자신감이 있었다. 야권 단일후보 적합도 조사에서 내가 이기는 결과가 나오기도 했고, 수정구 주민들을 만나면 지지의 체감도가 좋아서 경선하면 야권 단일후보가 될 수 있다고 생각했기 때문이다.

이에 따라 성남 수정과 분당갑에서는 나와 전지현 후보가 용퇴를 하고, 김태년-정기남, 김창호-박광순 후보의 당내 경선을 통해 결정된 후보가 야권연대 후보로 총선에 출마하게 되었다. 성남 중원은 민주통합당이 무공천하고 통합진보당의 윤원석 후보가 야권연대 후보로 출마했다. 분당을의 경우 민주통합당 김병욱 후보와 통합진보당 이종웅 후보의 경선이 실시될 예정이었다.

용퇴 지역 결정에 흐르는 눈물

총선 승리와 정권교체를 위해 통 크게 단결하라는 국민의 요구에 야권연대 합의는 그 누구도 거역할 수 없는 역사적 결단이고 흐름이었다. 그런데도 용퇴 지역으로 결정한 소식을 듣는 순간 눈물이 흘

성남시 야권연대 협상 타결에 따라 분당갑 전지현 후보와 함께 성남시
수정구 국회의원 후보직을 사퇴한다고 발표하는 김미희 후보.

렸다. 야권 단일후보 지역으로는 안 되더라도 민주통합당 후보와 정
정당당하게 경선할 수 있는 지역으로만 선정되면 더 바랄 게 없었다.
무엇보다도 이길 자신이 있었다. 그냥 갖는 자신감이 아니었다. 민주
노동당 활동부터 당원들이 헌신적으로 만들어온 성과와 지난 17년
간 수정구에서 해온 진보정치 활동이면 공정한 방식의 경선에서 승
리할 수 있다는 확신이 들었다.

몇 번의 여론조사 흐름과 결과는 더욱 그런 확신을 갖게 만들었
다. 그러나 경쟁도 하기 전에 몇 개월간의 후보 활동을 정리할 수밖
에 없었다. 아름다운 용퇴라지만 아쉬움과 고통은 눈물 속에 담겨
흘렀다.

하루 동안 정리하는 시간을 가졌다. 길게 고민할 문제는 아니었

다. 야권이 단결을 모색한 기나긴 여정을 끝내고 이제 남은 일은 우리 모두가 통합진보당과 민주통합당의 깃발 아래 똘똘 뭉쳐 총선 승리, 정권교체를 위해 전진하는 것이라고 생각했다. 그 길에 최선을 다하자고 다짐하면서 마음을 정리했다. 야권연대의 대의에 기쁘게 승복하면서 수정구와 중원구 야권 단일후보 당선을 위해 뛰어야지 하고 생각했다.

가장 낙심한 분은 친정어머니였다. 딸의 정치활동을 반대하시다가 어렵게 지지하고 정성을 다해 많은 도움과 힘을 주셨다. 그리고 어머니도 2012년만큼은 딸의 국회의원 당선을 기대하고 계셨다. 당신 스스로 이번에는 당선되리라는 확신을 가지고 계셨기에 더욱 충격이 크셨다.

약 백 일간의 선거운동을 마치고 3월 14일 나는 성남 야권연대 협상을 타결함에 따라 단일후보 당선을 위해 후보직을 사퇴한다고 기자회견을 했다.

"정치를 시작한 첫 마음을 돌이켜보면 권력을 탐닉하지 않고 정성과 실력의 마음으로 대중 앞에 서겠다고 약속했다. 개인적으로 어려운 순간에 첫 마음을 기억하고 중앙당 방침에 따르겠다는 약속을 지키고자 마음을 다잡았다. 이제 성남시 야권 단일후보들의 당선을 위해 뛰겠다. 시민들께서 지지해 달라."는 내용이었다.

야권 단일후보 수정구 민주통합당 김태년 후보는 "통합진보당이 야권연대를 실현하기 위해 국민 앞에 약속을 했다. 통합진보당의 결정에 따라 용퇴를 결정한 김미희 예비후보에게 동지적 애정과 위로의 마음을 전한다.", "민주통합당 후보 야권 단일후보인 김태년이 반드시 새누리당을 심판하겠다."며 각오를 보였다. 김태년 의원과 터 사랑청년회에서 청년운동을 함께한 동지로서 당선에 힘이 되어야겠 다고 나 또한 다짐했다.

아니, 어떻게 이런 일이…

중원구 윤원석 후보 사무실에서 열린 야권 단일후보 출정식에서 나는 중원구 야권 단일후보 윤원석 동지의 당선을 위해 모든 것을 던지자고 호소했다. 그런데 성남 중원 야권 단일후보로 결정된 윤원 석 후보는 정치적 모함에 빠져 후보 등록 시작일 전날인 3월 22일 전격 사퇴하였다. 통합진보당 전국운영위원회는 새로운 후보를 긴급 하게 인준키로 했다. 새로운 후보로는 지역위원회의 의견을 수렴해 성남시 수정구 선거구에서 용퇴한 나를 만장일치로 결정했다.

내가 수정구 예비후보로 선거운동을 하고 야권연대 협상에 따라 용퇴한 지 8일 만이었다. 야권 단일후보를 맡게 된 나는 비장한 마 음이었고 어깨가 무거웠다. 이제는 반드시 당선으로 보답하는 길만 이 남았다. 중원구는 나의 지역구가 아니었지만 1996년, 2000년 총선 때 성남시의원으로서 중원구에서 선거운동을 했고, 그동안 성 남시 전체에서 주민사업과 정치활동을 해왔기에 가능하다고 스스로 를 격려했다. 노동자, 서민의 소망을 실현하는 흐름에 야권이, 진보 당이 함께한다고 믿기에 힘을 낼 수 있었다.

참 진보정치인 정형주

15대, 16대 국회의원 총선거에서 성남시 중원구는 수도권 진보정당대표 정치인 정형주가 지역구로 활동하면서 출마한 곳이었다. 수도권 지역인 성남 중원에서 지역구 국회의원이 당선된 것은 18년 이상 진보정당 후보자가 계속 출마하면서 모든 역량과 자원을 투여해왔기에 가능했다. 지금까지의 득표 현황*을 보면 쉽게 알 수 있다. 진보정치인 정형주의 땀과 청춘이 다 묻어 있는 지역구였다.

진보정치인 정형주는 중원구에서 진보정치를 맨몸으로 갈고 닦은 정치인이며 운동가이다. 2005년 재보궐선거에서 진보정당 사상 수도권 최다 득표를 얻은 주역이기도 하다. 깨끗함, 신선함, 그 자체였다. 전대협 간부와 386 정치인들이 금배지를 달기 위해 쉬운 길을 선택할 때 전대협 부의장 출신이면서도 험한 진보정치의 길을 가고 있는 진국의 정치인이다. 많은 사람들은 당연히 정형주가 중원구 야권 단일후보로 되리라 생각했을 것이다.

보수정당 정치인이라면 양보보다는 자신이 야권 단일후보가 되겠

---

* 성남시 중원구 득표 현황

	실시일	후보자	득표율(득표수)	당선여부
15대 총선	1996. 4. 11.	무소속 정형주	8.36%(8,794표)	낙선
16대 총선	2000. 4. 13.	민주노동당 정형주	21.48%(1만9,781표)	〃
17대 총선	2004. 4. 15.	〃	20.75%(2만2,640표)	〃
18대 총선	2008. 4. 9.	〃	13.60%(1만941표)	〃
19대 총선	2012. 4. 11.	통합진보당 김미희	46.77%(4만6,062표)	당선

다고 먼저 나서서 출마 선언을 하고 달려들었을 것이다. 그런데 수십 년을 닦아온 자신의 지역구를 사심 없이 수도권 진보정당 후보 당선을 위해 기꺼이 내놓았다. 물심양면으로 도와주는 정형주 위원장이 있었기에 2012년 총선에서 나는 기적적으로 당선되어 국회의원이 될 수 있었다. 아름다운 마음을 가진 참 진보정치인 정형주 위원장이 국회의원이 되어 자신의 실력을 맘껏 발휘하는 그날이 오길 진심으로 바란다.

'야권연대' 공동선거대책본부

야권연대 협상이 마무리되고 성남의 야권 단일후보가 모두 결정됨에 따라 19대 국회의원 선거를 19일 남겨두고 성남 지역 시민사회단체를 비롯해 지역사회 원로들이 함께 참석하는 (가칭)4·11 총선 승리 정권교체 성남연대가 구성되어 성남 지역 '야권연대' 공동선거대책본부 체제를 꾸리고 MB정권 심판과 야권 단일후보 승리를 위한 본격적인 활동에 나서기로 했다.

3월 23일 오전 수정구 태평동 한 음식점에서 조찬모임을 갖고 19대 총선에서 MB정권 심판과 야권 단일후보 당선을 통한 민주진보진영의 승리를 일궈내기 위해 성남 지역 '야권연대' 공동선거대책본부를 구성하기로 결정했다. 이를 위해 '4·11 총선 승리 정권교체 성남연대(이하 성남연대)'를 구성하고, 3월 26일 오전 성남시의회 1층 로비에서 기자회견을 열고 본격적인 야권 단일후보 당선을 위한 활동에 들어갔다.

성남연대는 고문단으로 (작고하신) 김병량 전 성남시장을 비롯해 이해학 목사, 효림 스님, 장영춘 전 시의원 등을 추대하고 공동대표에 장건, 이덕수, 서덕석, 주혜 스님, 최석곤, 이상락, 정형주, 하성주, 백찬홍, 김용진, 김경자, 신옥희, 임인출 등 지역의 각계각층이 참여하는 연대기구로 구성하였다. 그야말로 민주진보개혁진영 인사들을 총망라하는 대단결의 정신을 구현하였다.

특히 성남수정 김태년(민주통합당), 중원 김미희(통합진보당), 분당갑 김창호(민주통합당), 분당을 김병욱(민주통합당) 후보 등 야권연대 단일후보 선거캠프에서 1인씩 뽑아 공동집행위원장 체제를 구축해 공동유세, 공동 선거운동을 전개하고 야권연대의 바람을 일으키기로 했다.

민주진보개혁진영의 대단결의 이유는 너무도 명확하고 단순했다. 지난 4년 이명박 정권에 의해 저질러진 수많은 폭정으로 국민들은 실망을 넘어 분노로 들끓었다. 이명박 정권은 한미FTA, 4대강 사업, 부자 감세를 강행하는 등 수많은 실정으로 국민들의 삶의 질을 떨어뜨리고 1%의 부자만을 위한 정권으로 전락했다. 민중의 삶은 도탄에 빠지고, 남북관계 또한 화해협력이 아니라 냉전의 파국으로 치닫고 있었다.

국민들은 야권연대와 민주세력의 총 단결로 이명박 정권을 심판할 것을 명령하였고, 이러한 국민적 열망과 의지를 모아 민주통합당과 통합진보당은 최초의 전국 단위 야권연대를 실현했다. 민주진보진영의 총선 승리만이 아니라 대선 승리를 위해 가는 도도한 흐름을 만들어내야 했다.

2014년 12월 해산된 통합진보당의 김미희 의원은 다시
국민의 선택을 받을 수 있을까?

중원구 야권 단일후보, "고맙습니다. 그리고 미안합니다"

3월 23일 중원구 총선후보 등록 후 출사표를 던지고 출마 기자회
견을 했다. 미안함과 희망이 공존하는 마음이었다. 미안함을 털고
오직 당선만을 생각하며 뛰겠다는 결의를 다졌다.

민주통합당 후보 출마를 기대하는 민주당 당원과 지지자들에게
미안한 마음과 죄송스런 마음을 전하고, 민생파탄, 부정부패, 비리
로 점철된 이명박 새누리당 정권을 심판하라는 절체절명의 국민적
여망을 실현하고자 하는 마음은 같다고 호소하며 양해를 구했다.
수십 명의 통합진보당 후보를 용퇴하고 얻어낸 소중한 지역구였다.
야권연대 협상 결과에 따라 진보정치 열망을 다 바쳐 활동해온 자신

의 지역구를 기꺼이 용퇴하며 나의 당선만을 바라는 분들이었다.

고마운 마음뿐이었다. 야권의 총선 승리와 정권교체 실현을 바라는 민주통합당 당원들과 지지자들의 희망을 담아서 총선에서 야권의 승리, 국민의 승리를 실현하고 진보적 정권교체로 나아갈 수 있도록 내가 선봉장으로 헌신하겠다고 다짐했다.

나는 지난 2010년 6월 지방선거에서 새누리당 일방독주를 막아달라는 성남시민의 민주화 열망을 담아 야권연대를 실현하고 민주통합당 이재명 후보를 당선시키는 데 기여했다. 민주통합당과 통합진보당이 힘을 합해 새누리당의 성남시장 8년 독주를 막고 승리한 경험이 있다. 이재명 성남시장을 당선시키고 이후 성남시 인수위원회 인수위원장을 맡아 시정의 토대를 만들었다. 야권연대 승리의 경험은 야권 지지자와 내가 가진 가장 값진 것이었다. 승리한 경험이 있기에 이길 수 있다는 믿음과 희망이 크게 다가왔다.

성남은 야권연대의 모범지역이다. 그런데 중원구는 7명이 후보로 등록해 험난한 선거운동이 예상되는 지역구였다. 그중에는 민주통합당 예비후보로 등록했다가 야권연대 합의를 따르지 않고 출마한 후보자도 두 명 있었다.

3월 28일 민주통합당 성남중원지역위원회가 그동안의 야권연대 논란을 뒤로한 채, 민주통합당과 통합진보당이 전략 공천키로 합의를 한 김미희 후보를 지지하기로 공식 선언했다. 고마운 일이었다. 그리고 한편으로는 미안한 마음이었다. 나도 수정구 후보일 때 용퇴하면서 그 마음이 어떤지 알기에 더욱 미안한 마음이 들었다.

야권연대 단일후보 공동선대위

3월 29일 공식선거운동 일정이 시작되었다. 성남 지역 3개 선거구에 출마한 야권연대 단일후보인 민주통합당 김태년(수정), 김창호(분당갑), 김병욱(분당을) 후보와 나는 공동선거운동기구를 결성했다. 이명박 정권에 함께 맞서 새누리당을 심판하고 4·11 총선에서 승리할 것을 다짐했다.

경제민주화와 보편적 복지를 실현하고, 남북이 화해와 협력으로 평화공존의 기틀을 복원하여 새로운 동북아 시대의 비전을 세우는 데 앞장설 것임을 밝혔다. 또한 무상급식, 무상보육, 무상의료를 실현하는 무상복지정책과 도시 재생을 위한 성남 재개발정책, 분당 신도시 노후화 해결과 판교 기반시설의 조속한 완비, 위례신도시 정책 추진에 역점을 두고 정책을 발표했다.

성남 지역은 2010년 6월 지방선거에서 야권 단일후보로 성남시장을 이미 세운 바 있어 야권연대의 형식과 내용을 만들어가는 데 큰 어려움은 없었다. 총선에서 야권연대 국회의원 후보 다수가 당선되고 이를 발판으로 대선에서 야권연대 정권교체를 이루는 것이 중요했다.

야권연대 국회 다수당 달성과 정권교체를 위한 단일대오로 (가칭) 성남 지역 야권 단일후보 공동선거대책기구를 결성했다. 개나리(민주통합당)와 진달래(통합진보당)가 국민의 삶에 봄꽃을 피우겠다고 마음먹었다. 통합진보당 색깔과 민주통합당 색깔이 대표적인 봄

꽃과 어우러져 승리를 예감하는 듯했다.

야권연대 단일후보 4명은 지역 현안 해결 위한 7대 제도 개선 방안과 보편적 복지 구현과 삶의 질 향상을 위한 실천과제 4개 분야 등 11대 지역정책을 발표하고, 범야권 공동정책 합의문인 '대한민국을 변화시킬 수 있는 20개 약속'의 실천을 약속했다. 이러한 정책 추진 합의는 야권대단결의 중요한 이정표가 되었다. 정책을 중심으로 하는 연대는 표를 얻기 위한 야합이 아니라 국민들에게 민생을 책임지려는 일임을 공표하는 것이었다. 야권 단일후보들이 합의하고 제시한 지역정책은 지역현안 제도개선방안으로 재개발 미추진 유보 지역, 가칭 '단독주택지 행복동네 관리사무소' 신설, 재래시장 및 골목 상권 관련 중소 공동물류센터 건립 국비 지원, 1기 신도시 노후화에 대한 국가 지원책 마련, 아파트 리모델링 활성화 입법 추진 등이 있고, 보편적 복지 관련 실천과제로 무상교복 실현, 무상교육, 공공임대주택 마련, 시립공공병원 조기 완공 등이 있다.

공동선대위를 구성하고 공동정책을 발표한 뒤에는 신뢰성과 대중성을 확보하기 위해 양당 지도부가 와서 지지유세를 하는 공동유세전이 더욱 중요한 기획사업이 되었다. 야권연대 상징인 한명숙 대표와 이정희 대표가 두 손 잡고 연대를 과시하면 야권 지지층은 결집할 것이고 투표로 심판하기 위해 나설 것이다. 손학규 전 대표도 분당 서현역 로데오거리 유세전에 참석해 수정구, 중원구 야권 단일후보 지원을 위해 적극 나섰다. 야권이 단결하면 야권 지지층이 얼마나 굳게 단결할 수 있는지 분위기로 느낄 수 있었고, 야권연대의 바람은 예상보다 세게 불었다.

야권 단일후보 바람아 불어라!

손학규, "성남에서 4김 시대 열자!"

4·11 총선을 13일 남겨두고 공식 선거운동에 들어간 3월 29일 성남 지역 4개 선거구에 출사표를 던진 민주통합당과 통합진보당 야권연대 단일후보들이 공동선거대책기구 구성에 합의하고, 야권연대 바람을 일으키기 위해 지역 곳곳에서 합동유세전을 펼쳤다. 야권연대 단일후보 성사 여세를 몰아 야권 후보 전원이 당선될 수 있도록 힘을 모아달라고 호소했다.

공식 선거운동 첫날 기자회견을 통해 모란민속시장 입구에서 합동 유세전을 펼친 뒤, 오후 7시 민주통합당 손학규 전 대표가 참석한 가운데 분당 서현역 일대에서 공동유세를 펼쳤다. 야권연대로 새누리당과 MB정권을 심판하고, 12월 대통령선거에서 정권교체를 실현하자고 유세했다. 같이 살던가 같이 죽던가 연대정신을 살리는 것

말고는 달리 길이 없었다. 당선의 길을 만들어가야 했다. 짧은 선거운동 기간에 기적을 만들기 위한 전략과 헌신이 필요했다.

진보정당의 수도권 국회의원 당선 목표는 없던 길을 만들어가는 역사였다. 진보정당의 야권 단일후보가 국회에 들어가야 서민과 노동자, 사회적 약자들이 함께 잘사는 나라를 만들 수 있고, 후퇴하는 민주주의와 인권을 지킬 수 있었다.

손학규 전 대표는 성남 지역 민주통합당과 통합진보당 야권연대 단일후보 이름(수정 김태년, 중원 김미희, 분당갑 김창호, 분당을 김병욱)을 하나하나 거론하다가 문득 현대정치사의 '3김 시대'가 떠올랐는지 "후보들 4명 모두 다 김 씨"라며 "성남에서 새로운 정치의 4김 시대를 열자!"고 지지를 호소하기도 했다. 재치와 유머, 그리고 역사의 무게감이 느껴지는 유세였다.

새누리당은 박근혜 총괄선대위원장이 직접 나서 재래시장과 역 주변을 돌며 지원유세에 나섰다. 누가 당선될지 알 수 없는 대격돌을 예고했다.

야권연대 단일후보 성사를 위해 국민의 명령, 요구를 실현한 민주통합당 한명숙, 통합진보당 이정희 대표는 역사의 승리자이다. 지금은 두 정치인이 정권의 탄압으로 고초를 겪고 있지만 미래의 새로운 세상을 만드는 길에서 큰 역할을 하리라 믿는다.

3월 31일에는 전국학교비정규직노동조합과 야권연대 단일후보들과의 정책협약식을 체결하였다. 첫 번째 정책협약으로 성남시에 근무하고 있는 학교비정규직노동자의 권익향상과 비정규직 철폐를 위한 협약을 맺은 것은 정치적으로 큰 의미가 있다. 최근 드라마 〈송

곳〉에서 보듯 비정규직 노동자들의 고통은 이루 말할 수 없다.

성남시에 근무 중인 비정규직 노동자로는 영양사, 조리사, 조리원, 교무보조, 과학보조, 전산보조, 특수보조, 사서 등이 있다. 그동안 학교비정규직 노동자들은 학교 현장에서 학생 수 감소와 예산의 감소에 따른 해고 등 상시적인 고용불안에 시달리고 있으며, 힘든 노동과 저임금으로 고통받고 있었다. 비정규직 노동자들의 법적 권리를 보장하고 처우를 개선하는 것이 절실하게 필요하다.

총선 정책으로 전 직종 무기계약 전환, 학교 비정규직의 공무원 전환 특별법 제정, 토요일 유급 휴일, 호봉제 시행, 교과부와 산별교섭 제도화, 학교 비정규직 노동자들의 건강권 확보 등을 약속했다. 아직도 이 정책협약 내용 중 일부밖에 실현되지 않아 학교 비정규직 노동자들에게 미안한 마음을 갖고 있다.

"언니, 동생 사이 아닌가요?"

선거를 10일 남겨둔 4월 첫날 주말 아침이다. 남한산성에 봄의 향연이 시작됐다. 우리나라에 이렇게 아름다운 산성은 많지 않다. 남한산성은 역사의 고비마다 중요한 역할을 다했다. 굴욕의 역사를 간직하고 있기도 하다.

통합진보당 이정희 대표가 지원유세를 하기 위해 오전 8시 성남 남한산성 입구에 왔다. 남한산성은 성남시민만 아니라 전국에서 산을 좋아하는 많은 국민들이 찾는 관광지이다. 누가 성남시민인지 잘 알지 못해도 인사를 하면 먼저 다가와 밝은 모습으로 맞아주는 사람

18대 대통령 선거 후보자들의 TV토론이 열리는 서울 여의도 MBC 본사 앞에서 김미희 의원이
전 통합진보당 이정희 대선후보와 함께 토론회장으로 이동하고 있다.(2012. 12. 4.)

은 야권 단일후보를 지지하는 분이 분명하다.

시민들을 만날 때면 "이정희 대표 아니세요?"라는 말을 자주 듣
곤 한다. 통합진보당 여성 정치인의 이미지가 비슷해서 그럴 수도 있
다. 이날 남한산성 유세 때에도 아니나 다를까, '언니, 동생 사이 같
다'는 시민의 목소리를 들을 수 있었다. 듣기 좋은 이야기라서 언제
나 감사하다.

이정희 대표는 지원유세를 펼치면서 MB정권 심판과 야권연대 단
일후보 김미희 지지를 호소했다. 이정희 대표와 내가 유세차에 오르
자 이른 아침 산행을 위해 남한산성을 찾은 등산객들은 발걸음을 잠
시 멈추고 기대와 희망의 눈빛으로 박수를 보냈다. 당선된다는 분위
기가 느껴졌다.

더구나 선거운동 유세 첫 순서로 대학생 자원봉사자들이 혼신을 다해 율동할 때면 율동단이나 보는 시민이나 웃고 즐기며 하나가 된다. 보수정당 후보 유세에서는 도무지 볼 수 없는 유쾌한 광경이다. 이정희 대표는 "성남 지역에서 노동자, 서민의 삶을 대변하고 사사로운 이익을 탐하지 않고 지금까지 노력해온 야권 단일후보 김미희 후보에게 힘을 모아 달라."고 호소했다.

실제 이정희 대표의 진정성 있는 야권연대 협상 결과로 통합진보당 정당 지지도가 10%를 넘어서는 수직 상승을 보여주었다.

비 내리는 저녁, 유시민 공동대표 지원유세

봄을 재촉하는 가랑비가 내리는 날이었다. 유시민 공동대표 비서한테 연락이 왔다. 유 공동대표가 지원유세를 오고 싶어한다는 것이다. 그런데 유 공동대표는 '자신이 지원유세를 가면 민주통합당 쪽에서 반발이 심할 수 있다.'는 우려 때문에 망설이는 중이라고 했다.

통합진보당 공동대표가 지원유세를 맘대로 올 수 없다면 이는 심각한 문제라고 생각했다. 실제로 민주통합당 쪽 반발은 생각보다 거셌다. 만약 유시민 공동대표가 야권 단일후보인 김미희의 지원유세에 오면 자신들은 지지를 철회할 수도 있다는 강한 태도를 보였다는 보고를 받았다.

야권연대를 하다 보니 이런 복잡한 일도 발생하는구나 생각하면서 유시민 공동대표의 지원유세를 못 오게 할 수는 없다는 원칙 하에 민주통합당 쪽을 설득하기로 했다. 유시민 공동대표는 젊은 층의 인기가 많았다. 그래서 모란에서 지원유세를 하고 젊은 층이 많은 모란상가를 순회하는 것으로 방향을 잡고 설득했다. 민주통합당 쪽에서 양해를 해주어 유시민 공동대표가 오게 되었다.

유시민 공동대표의 지원유세 내내 비가 내렸다. 통합진보당 공동대표가 지원유세에 온 것은 이정희 대표의 남한산성 입구 지원유세에 이어 두 번째였다. 통합진보당이 성남 중원 지역을 수도권의 전략 지역구로 판단했기 때문이다.

모란역 뉴코아 백화점 앞에서 열린 이날 유세에서 유시민 대표는 성남 중원구 야권연대 단일후보 김미희 후보를 꼭 국회로 보내달라고 했다. 자신도 통합진보당 비례대표 12번으로 출마했으니 후보는 야권 단일후보, 정당은 통합진보당에 투표해 달라고 호소했다.

야권 단일후보인 나의 지지율은 하루가 다르게 상승했다. 10% 이상 격차로 출발해서 유시민 공동대표가 지원유세를 할 무렵 경기도 지방일간지에서 실시한 여론조사에서 새누리당 신상진 후보와의 격차가 3.7%밖에 나지 않았다. 판세를 뒤집을 수 있는 충분한 시간이었다.

총선 핫이슈 '민간인 불법사찰'

대한민국의 모든 국민은 사찰의 대상이 되었다. 4·11 총선을 불과 일주일 앞두고 장진수 국무총리실 주무관이 새누리당 이명박 정부의 민간인 사찰 문건을 폭로했다. 전국적으로 'MB정권 심판론'이 거세게 불었다. 이번 총선에서 민간인 불법사찰을 강행한 MB정권

심판이 핫이슈로 떠오른 것이다. 국무총리실에서 언론사 간부, 노동조합 간부 등 2천6백여 명에 달하는 국민들을 상대로 도청과 미행 같은 민간인 불법사찰을 자행했다는 사실은 오만무도한 이명박 정권의 실체를 보여주는 것이었다.

야권 후보들은 민간인 불법사찰을 주도한 '몸통'에 대한 수사 촉구를 했다. 청와대가 개입한 사실 정황이 드러나고 있는 만큼 이명박 대통령이 직접 답을 해야 한다고 생각했기 때문이다.

당락의 분수령 TV토론

국회의원 선거와 기초단체장 선거에 출마하면 방송토론을 하게 된다. 법적 요건에 맞는 후보에게 자격이 주어진다. TV토론의 법적 요건이 안 되는 후보들은 방송토론 후 방송연설의 기회를 가진다.

투표를 일주일 남겨둔 4월 4일 아름방송 스튜디오에서 중원구 선거방송토론위원회 주최로 '제19대 국회의원 선거 중원구 선거구 후보자 토론·연설회'를 했다. 오차범위의 여론조사 결과가 보도된 만큼 TV토론은 당락에 결정적 영향을 미치게 된다.

후보 토론을 시청하는 유권자는 많지 않지만 후보 토론을 잘하면 지지자들에게 자신감과 당선에 대한 확신, 그리고 후보에 대해 강한 믿음을 갖게 함으로써 마지막 지지율을 올리게 된다. 또한 후보 토론을 통해 여론을 형성하는 각계각층 유권자들이 후보들의 인물과 정책 공약에 대해 빠르게 입소문을 내면서 당락을 결정짓는 분수령이 되기도 한다.

비가 오는 날씨에도 혼신을 다해 율동을 하며 선거운동하는
대학생 자원봉사자들.

방송토론회는 공직선거법에 따라 국회에 5인 이상의 소속 의원을
가진 정당, 직전 대통령선거, 비례대표 국회의원선거 또는 비례대표
시·도의원선거에서 전국 유효투표 총수의 100분의 3 이상을 득표
한 정당 소속이 대상이 됨에 따라 새누리당 신상진 후보와 내가 토
론회에 참석을 했다. 무소속 후보인 윤용호 후보와 정형만 후보는
각 10분씩의 연설로 대체했다.

그동안 선거에 출마하면서도 방송토론을 충분히 준비하고 참석한
적은 없었다. 시민들을 만나 경청하고, 정책을 말하고, 좋은 아이디
어를 듣고 지지를 부탁하는 조직적인 선거운동에 중점을 두고 진행
해 왔다. 많은 시민을 만나는 것을 목표로 마라톤 뛰듯 쉼 없이 달린
다. 중간중간에 진보적인 가치를 담은 현실성 있는 정책을 발표하고,

선거에서 송곳처럼 튀어나오는 이슈에 관해 제때 대응해야 한다.

하루 정도 시간을 내어 토론 주제를 시민들에게 알기 쉽게 전달하기 위해 준비를 하였다. 뚜렷한 후보 이미지를 전달해야 하고, 정책 발표와 상호 정책 토론에서 똑소리 난다는 인상을 주어야 한다.

토론회에서 새누리당 신상진 후보와 나는 정견발표를 위한 모두 발언을 시작으로 한미FTA, 복지정책 재원 마련 방안, 주민 삶의 질 향상 방안, 일자리 및 고용창출 방안 등에 관해 서로 치열한 공방전을 벌이며 지지를 호소했다.

신상진 후보는 두 가지에 초점을 맞춰 자신의 정견을 이야기해 나갔다. 참여연대 등 유권자 시민단체가 낙선 후보 대상자로 선정해서 방어해야 했고, 무엇보다 야권연대의 바람을 차단하는 데 화력을 집중하는 모습이었다.

신 후보는 4대강 추진, 의약분업 등을 근거로 추진한 시민단체들의 낙선 대상자 선정은 잘못됐다고 주장했다. 참여연대 간부가 민주당 비례대표로 들어간 것을 문제삼기도 했다. 정치적으로 편향된 단체라는 주장이다. 그러나 낙선자 후보를 선정한 시민사회단체는 참여연대만이 아니라 수백 개의 단체가 모여 객관적인 사실을 토대로 결정한 것이라 신 후보의 주장은 설득력이 떨어졌다.

그리고 야권연대는 위장결혼에 불과하고, 자식들마저 거리로 내몬 부도덕한 결합이라며 정치적 공세를 가했다. 나를 낙하산 후보로 단정하고, 서류 뗄 시간조차 없을 정도로 급하게 내려보내는 등 중원구민을 얕잡아보고 있다고 매도했다.

억울하게 사퇴한 윤원석 후보 대신에 중원구 지역구로 공천받은 사실을 두고 왜곡해 주장한 것이었다. 그러나 나는 성남에 20년 넘게 살면서 청년운동, 여성운동, 시민운동, 지방의원 활동을 했고, 수정구, 중원구 가리지 않고 시민과 함께 지역운동을 해왔다.

노란색 점퍼를 입은 이유

신상진 후보는 야권연대의 바람을 차단하려고 후보 점퍼 색깔까지 거론하면서 민주통합당과 통합진보당 지지자들을 분열시키려고 하였다. 통합진보당 당 색깔은 보라색인데 후보가 노란색 점퍼를 입고 다니고 선거운동원들도 노란색 선거운동복을 입고 다닌다고 옹색한 공세를 취하였다. 노란색 점퍼는 야권 단일후보의 상징이었고, 민주통합당과의 공감을 이끌어내기 위한 선택이었다.

또한 총액 9백만 원 상당의 토지 소유분에 대하여 세금을 완납했음에도 불구하고 후보자 재산등록 때 빠뜨린 우리 측 실수를 집요하게 물고 늘어졌다. 서민 후보에게 도덕적 흠결이 있는 것처럼 덧칠하려는 의도로 보였다. 나는 국회의원으로 당선된 후 새누리당 쪽의 고발로 재판을 받았는데 이 부분은 무죄를 선고받았다. 작은 실수가 정치공세의 빌미가 된 것이다.

나는 신상진 후보는 서민 후보가 아니라 친재벌 후보, MB 돌격대 후보로서 시민단체 낙선 대상자 후보라는 것을 집중 공략했다. 시민사회단체 활동 경력을 서민 후보로 포장한 것이 거짓임을 입증하는 데 집중했다. 선거철만 되면 서민 후보, 서민정책, 복지를 강조하는 신 후보가 국정운영에 있어서는 친재벌, 친부자 법안에 찬성해서 시민단체로부터 부자감세, 종부세, 친재벌부자 대상자 84명 의원에 포함됐고, MB 돌격대 후보 97명에도 포함됐다고 지적했다.

날치기 국회 표결과 관련하여 신 후보가 불출마 약속을 이행하지 않은 것을 거론하자 그는 당론이라 어쩔 수 없었다고 변명했다. 이날 TV토론에서 나는 신상진 후보가 시민사회단체 활동을 하다 새누리당 행을 선택한 뒤에 소신 정치인의 모습은 보여주지 못한 것을 지적했다.

저열한 색깔론 공세

아름방송 TV토론에서 역전의 분위기가 만들어졌다. 예상한 대로 새누리당 신상진 후보는 구시대적 정치공작인 색깔론을 추가로 제기하고 나섰다. 그는 통합진보당 정책에 대해 근거 없이 비방하고 야권연대를 공격하였다. 방송토론 마지막 맺음말 발언에서조차 야권 단일후보인 내가 대한민국 정체성을 부정하는 세력이라면서 중원구를 내주어선 안 된다는 표현을 하면서 색깔론으로 공격하였다.

TV토론 뒤 신상진 후보 측이 중원주민들에게 "해군기지 반대하고 한미FTA 폐기 주장하는 통합진보당 후보에게 중원구를 내어주어서는 안 된다."는 문자를 보낸 것이 확인되었다. 정책선거를 선도해야 할 집권당 후보가 무엇이 두려워 구시대적 색깔론을 펼치고 정책 왜곡을 하는지는 분명했다. 초반 압도적 우세가 경합지역으로 바뀌자 불안하고 초조해진 것이다. 민심의 심판을 모면하고자 수단과 방법을 가리지 않고 근거 없는 비방과 색깔론으로 선거를 혼탁하게 만드는 의도는 보수층을 결집하여 투표장으로 오도록 만들려는 것이다.

보수정권이 선거 때만 되면 상투적으로 들고 나오는 색깔공세려니 하고 그냥 넘어가기에는 정치의 금도를 넘어섰다고 판단했다. 나는 김대중 전 대통령과 같은 고향 목포에서 태어나고 자라서 과거 군사독재 정권이 김대중 전 대통령을 비롯하여 무수한 민주인사들에게 휘둘렀던 색깔론을 잘 알고 있었다. 군사정권이 김대중 전 대통령을 빨갱이로 몰아붙였듯이 이명박 정권 하에서도 저열한 색깔론이 재현되는 것은 아닌지 우려스러웠다. 그런데 신상진 후보의 색깔론 공세는 오히려 야권단결의 계기를 더 마련해 주었다.

단일후보 지지 선언 이어져

성남시 일부 개인·법인 택시 노동자들과 민주노총 성남지부 소속 조합원들, 보건의료인들이 잇달아 야권연대 단일후보 지지 선언을 했다. 투표 5일 전, 각계각층 단체의 지지 선언은 대세를 바꿀 수 있는 힘이 되었다.

노동자들이 야권연대 단일후보를 지지하는 이유는 쌍용자동차와 한진중공업에서처럼 끊임없이 정리해고되는 노동자 문제를 해결하고자 하는 절박한 심정 때문이다. 노동자들을 진심으로 대변하고 비정규직, 정리해고, 노동자와 서민을 위한 법 개정이 반드시 필요했다. 한국 사회의 노동지표가 OECD 가입국 중 최하위를 기록했다. 장시간 노동 1위, 저임금 노동자 비중 1위, 산재 사망률 1위, 자살률

김미희 후보의 핵심 공약은 '한미FTA 폐기 및 내수경제 확대로
경제주권 수립', '서민 주거 국가 책임 강화' 등이었다.

1위가 대한민국 노동자의 모습이다.

　운수업계도 이명박 정권이 4년 동안 경기침체로 인한 승객 감소,
LPG 폭등, 운송 원가의 증가, 대중교통체계의 소외 등으로 경영난
이 가중됐는데도 불구하고 택시업계를 무시해온 것에 불만의 목소
리가 높았다. 성남시개인택시사업조합 회원, 전국민주택시노동조합
연맹 경기지역본부, 남성운수노동조합, 세화운수노동조합 등은 성
남의 모든 야권 단일후보를 적극 지지하여 '택시 대중교통 법제화'를
반드시 실현할 것이라고 밝혔다.

　당황한 새누리당 신상진 후보 측은 일부 법인 · 개인 택시기사들
에게 택시 대중교통 법제화를 실현할 것이라고 문자를 보냈다고 한
다. 그만큼 중원구 선거는 초박빙의 선거로 치닫고 있었다.

'김미희' 바람 분다

새누리당 신상진 후보는 성남 중원구 야권 단일후보로 통합진보당 후보의 출마가 결정되었을 때 자신의 당선이 확실시되는 것처럼 이야기하고 자만했던 지역이다. 자신은 관운, 정치운이 좋다는 이야기를 했다는 소문이 퍼지기도 했다. 통합진보당 후보의 경쟁력이 떨어지고, 야권연대라 하더라도 민주통합당 지지자들의 표가 통합진보당 후보에게 가지 않거나 사표가 되리라 생각했을 것이다.

투표일 6일 남겨두고 오차범위 내에서 치열한 접전을 벌이고 있었다. 야권연대 단일후보로 선거운동 시작한 이래 가장 많은 인파가 운집하는 대대적인 거리유세전을 펼치며 바람을 일으켰다.

특히 통합진보당 당원 및 지지자들은 물론이고 성남 중원 민주통합당 운영위원들과 이상락 전 국회의원을 비롯해 전현직 시도의원, 당원 및 지지자들이 함께 참석하면서 민주통합당과 통합진보당의 실질적인 야권연대 바람을 일으키고 있는 모습은 역전의 결정적 계기가 되었다.

4월 5일 성남 중원 은행시장 입구에서 펼쳐진 집중유세에는 이정희 대표를 비롯해 민주통합당 이상락 전 의원 등 당원 및 지지자들 수백여 명이 모여 '기호4번 야권 단일후보 김미희'를 연호했다. 당초 민주통합당 박지원 최고위원도 참석키로 했으나, 서울 은평을에서 새누리당 이재오 후보와 접전을 벌이고 있는 천호선 야권 단일후보를 지원하는 유세가 늦어지면서 참석하지 못했다. 박지원 최고위원의 참석과 지지는 전통 민주통합당 지지층의 결집을 가져올 수 있을 것으로 보았는데 아쉬웠다. 박지원 최고위원은 미안한 마음에 트위터를 통해 "성남 중원 야권 단일후보 통합진보당 김미희 후보를 적극 지지해 주시라고 멀리 목포에서 호소합니다. 김미희 후보와 함께 국회에서 MB정권을 심판하고 정권교체를 하여 민주주의, 서민경제, 남북관계를 살리겠습니다."라는 글을 올리면서 적극적인 지지를 당부했다.

야권연대 협상을 이끈 민주통합당 박선숙 사무총장의 지지유세도 잊을 수가 없다. 누구보다도 민주통합당 이상락 전 의원은 야권 단일후보 당선을 위해 진심으로 뛰어주신 분이다. 대의에 충실하신 그분에 대해 지금도 고마운 마음을 갖고 있다. 민주주의와 인권, 민생경제, 남북관계 후퇴를 더 이상 두고 볼 수 없어 야권연대 대의를 받아들이기로 했다면서 전폭적인 지지를 호소했고, 실제 나의 당선을 위해 최선을 다했다.

한명숙 대표와 맞잡은 승리의 V자

투표 4일을 앞두고 한명숙 대표가 나를 지원하기 위해 중원구로 온다는 연락이 왔다. 어찌 보면 당락을 결정짓는 가장 중요한 유세가 될 수도 있겠다는 생각이 들었다.

초박빙 승부를 겨루고 있는 상황에서 민주통합당 한명숙 대표와 통합진보당 이정희 공동대표가 단대오거리에서 함께 막판 총력전을 펼쳤다. 당초 유세는 상대원시장에서 하기로 계획하였으나, 정통민

성남시 중원구 단대오거리역 앞 유세장에서 민주통합당 한명숙
대표와 통합진보당 이정희 대표가 야권 단일후보인 김미희 후보
와 손을 맞잡았다.(2012. 4. 7.)

주당 이대의 후보와 무소속 정형만 후보 측의 선거 차량과 운동원
들이 자리를 잡고 있어서 급히 단대오거리로 변경해서 거리유세전을
펼쳤다.

급작스런 유세장소의 변경에도 불구하고 단대오거리에는 수많은
인파가 몰려 한명숙 대표와 이정희 대표의 지원유세에 관심을 기울
였다. 대학생 자원봉사단의 흥겨운 율동과 음악에 맞춰 지지자들이
'기호4번 야권 단일후보 김미희'를 연호하자 유세장 분위기는 한껏
달아올랐다.

이날 집중유세에는 한명숙 대표와 이정희 대표뿐만 아니라 이상
락 전 국회의원, 임예호 예비후보, 조광주 경기도의원, 지관근·마

선식·김유석 시의원, 임봉규 전 도의원 등 민주통합당 인사들과 호남향우회 인사들도 상당수가 참석하여 야권 단일후보 당선을 위해 힘썼다. 민주진보개혁진영의 단결의 힘을 느낄 수 있는 당시의 유세 현장을 잊을 수가 없다. 집중유세장에는 야권 단일후보 바람을 상징하는 바람개비가 설치됐고, 성남여성회 소속 회원들이 유모차를 끌고 와 투표참여를 호소하는 플래시몹을 펼쳐 눈길을 끌기도 했다.

타당의 비례대표는 유세차 무대에 오르거나 연설을 할 수 없다는 선관위의 유권해석 때문에 연설을 하지는 못했지만, 한명숙 대표는 나의 손을 맞잡으면서 '김미희 지지'를 호소했다. 전국의 야권 단일후보 유세 지원을 다니느라 힘들 텐데도 최선을 다해 도와주는 모습에서 진심을 느낄 수 있어 더욱 힘이 났고 예감이 좋았다.

한명숙 대표와 이정희 대표가 한자리에 선 이유는 오로지 하나, 민주통합당과 통합진보당이 힘을 모아 정권교체를 이루기 위함이다. 이때 보여준 야권의 대단결 정신은 지금도 살아 있고 발전시켜야 한다. 서민의 삶을 보다 나은 사회로 만들고 통일된 나라를 만들어가기 위해서는 민주진보개혁세력이 뭉쳐야 가능하다는 믿음에는 지금도 변함이 없다.

'개념가게' 늘어나

성남 중원구 당락은 투표율에 좌우된다고 보아도 무방할 정도로 초박빙 승부를 점치고 있었다. 초반 10% 이상 격차로 당선이 어렵다는 것이 중론이었다.

그러나 우리의 선거 전략은 주민들의 마음을 움직였고 후보의 지칠 줄 모르는 움직임은 주민들과 하나가 되었다. 야권연대 단일후보라는 간판은 야권 지지자들을 투표장으로 오도록 만들었다.

후보들 간의 치열한 접전이 벌어지고 있는 가운데 투표율에 대한 관심이 고조되면서 19대 국회의원 선거 투표율이 60%가 넘으면 '12일 하루 종일 당구가 무제한 무료'란 약속을 내거는 등의 소위 '개념가게'들이 중원 지역에 늘어나고 있어 희망을 갖게 하였다.

성남 중원구 일대 학교 앞 분식점, 재활용매장, 부동산 등 다양한 업종에서 4월 11일 실시되는 국회의원 선거에서 투표율이 60%가 넘으면 '12일 떡볶이가 무료', '12일 모든 상품이 천 원' 등의 약속을 내걸면서 투표 참여를 촉구하고 나선 것이다. 투표율이 높으면 야권 후보가 유리하다는 게 정설로 되어 있었다. 노년층의 투표율은 높은 데 반해 젊은 층의 투표율은 낮은 게 일반적이어서 투표 참여 캠페인은 큰 호응을 얻었다.

총선에서 투표율이 70%가 넘으면 자신의 치과병원에서 임플란트 시술을 무료로 해주겠다는 내용의 글을 페이스북에 올린 남서울치과 김용진 원장의 아이디어는 많은 이들의 공감을 얻었다. 정치의 신뢰가 추락하고 제도가 미비하면서 점점 투표율이 떨어지는 상황을 개선해 보려는 시민의 소중한 마음이 느껴졌다.

중원 지역의 이 같은 '개념가게'는 계속 늘어났고, 이 영향으로 투표율이 올라가면 후보 간의 치열한 접전에 영향을 미칠 수 있다고 생각했다. 2008년 총선에서는 3표 차이로 당락이 결정되는 지역이 나오기도 했고, 수정구의 경우 150표 차이로 당락이 갈리는 상황이

2012년 4·11 총선 기간 중 성남 중원구에서 '개념가게'들이 국회의원 선거 투표율이 60%를 넘으면 '12일 떡볶이가 무료', '12일 모든 상품이 천 원' 등의 약속을 내걸고 투표 참여를 촉구했다.

발생하기도 했다. 초박빙 지역인 중원구에서도 주목하지 않을 수 없는 상황이 벌어지고 있었다.

이 같은 투표 참여 캠페인은 트위터 대통령으로 불리는 소설가 이외수 씨가 3월 24일 부산에서 열린 '개념 찬 콘서트 바람'에서 "만약 투표율이 70%를 넘으면 스포츠머리 정도로 짧게 깎을 용의가 있다."고 공언하면서 불을 지피기 시작했다.

소설가 이외수 씨는 평생 긴 머리를 고수해 왔기에 파격적인 발언이 아닐 수 없었다. 이외수 씨의 이 같은 발언에 옆에 있던 방송인 김제동의 매니저는 "그렇다면 김제동을 한 달 내에 결혼시키겠다."고 약속했다는 소식이 전해졌다.

정치권에서도 급기야 통합진보당 이정희 공동대표가 "정당 투표율이 30% 넘으면 뽀글이파마를 하겠다."고 약속했고, 또 다른 트위터리안의 요청에 따라 뽀글이파마를 하고 광화문 세종대왕 앞에서 춤도 추기로 했다.

유시민 공동대표도 "의석수에 해당하는 날 동안 보라색으로 머리카락을 염색하겠다."고 공언했고, 심상정 공동대표도 '살사댄스'를 추기로 했으며, 노회찬 공동 대변인은 "스타킹을 머리에 쓰고 국회에 등원하겠다."는 약속으로 이어졌다.

이 밖에 방송인 김미화와 서울대학교 법학전문대학원 조국 교수도 합류했다. 김미화는 '음매, 기죽어'를 외치던 쓰리랑 부부 시절로 돌아가 '일주일간 일자 눈썹'을 하고, 조국 교수는 '망사스타킹'을 신기로 했다.

유명인사들의 이러한 4·11 총선 이벤트 공약은 일반인으로 확산되면서 "투표율 70% 넘으면 저도 OOO을 하겠어요." 등의 화답을 이끌어냈다. '투표 인증샷 놀이'에 '투표 참여 약속놀이'가 또 다른 선거문화로 자리 잡으면서 투표율을 높일 수 있다는 기대를 갖게 했다. 야권 후보자에게는 좋은 현상이었고 기분 좋은 결과로 이어질 수도 있었다.

성남 중원 '예측 불허'

투표를 이틀 앞두고 판세 분석 결과가 언론을 통해 보도되었다.

"투표율이 최대 변수다." 4·11 총선을 바라보는 전문가들의 일치된 견해였다. 성남의 4개 선거구 모두 예측이 쉽지 않은 혼전 양상을 보였다. 2008년 총선은 4개 선거구 모두 한나라당 승리였다. 기존 시가지(수정·중원)는 전통적으로 현 야권이 우세했고, 신시가지(분당갑·을)는 현 여권의 텃밭이었다.

기존 시가지는 야권 후보들이 흩어져 출마하여 현 여권의 어부지리로 승리했다. 기존 시가지의 경우 진보정당 지지세가 만만치 않아서 역대 선거에서 평균 15% 내외의 득표로 3자 대결(보수/개혁/진보) 속에 보수나 개혁 진영이 신승하는 결과를 보였다. 그러나 이번 선거는 보수세력과 진보개혁세력의 양자 대결 구도다. 새누리당과 범야권이 각각 전통적인 지지층을 모두 투표장으로 나오게 한다면 선거 결과는 자명하다. 야권 단일후보의 승리이다.

중원구는 선거운동 초반 범야권의 분열과 후보 교체로 새누리당 신상진 후보의 낙승이 예상되었다. 신상진 후보는 야권분열로 인한 측면도 있지만 재선의원으로서 탄탄한 지역 기반을 다지고 있었다.

선거 초반 신상진 후보는 야권 단일후보인 나를 두 자릿수 이상으로 여유 있게 앞섰다. 그러나 한 지방언론에 의하면 투표 이틀 앞두고 오차범위 내 접전으로 분류됐다. 야권 단일후보 선거전략과 초반에 소극적이던 민주통합당이 적극적으로 결합하고, 한명숙 대표 등 중앙의 집중 지원으로 야권표와 호남표가 결집되고 있는 양상을 보였다.

역대 투표 성향을 분석하면 중원구는 2010년 6·2 지방선거(이재명 대 황준기 / 57 대 35)에서는 범야권이 승리했다. 6 대 4의 비율로 범야권 지지성향이 강한 선거구다.

역대 투표율 역시 전국 투표율보다 6~7% 낮게 나타났다. 48%가 기준점이나 새누리당 신상진 후보의 탄탄한 지역 기반을 감안할 때 투표율이 50%가 넘어야 야권 단일후보인 김미희가 당선된다는 분석이 일반적이었다.

정통민주당 이대의 후보와 민주통합당 예비후보였던 무소속 정형만 후보의 득표율이 변수로 작용할 수도 있는 상황이었다. 두 후보는 야권 단일후보인 나를 집중 공격했다. 두 후보 합계 득표율이 두 자릿수 이상이면 당선 가능성이 희박해진다. 그러나 두 후보 지지율은 예상보다 높지 않게 나타났다. 초반에 흔들리던 야권표와 호남표가 나에게 빠르게 결집되고 있었다.

초반 자신만만하던 신상진 후보는 조용한 선거운동을 하고 있었다. 선거 쟁점이 부각되어 야권 성향의 표가 집결되면 유리할 게 없다는 판단을 했다. 야권 단일후보인 나는 야권의 전폭적인 지원을 받고 있었다. 짧은 선거운동 기간이지만 파격적인 지원이었다. 이제 중원구의 선거 결과는 호남표를 중심으로 한 전통적인 민주당 지지표의 결집 여부와 20~30대 젊은 유권자들의 투표율에 달려 있다고 해도 과언이 아니었다. 전국 평균 투표율만 나와도 당선 가능한 상황으로 판단되었다. 안정적인 당선이 가능한 55% 투표율을 기대했다.

마지막 승부수

새벽을 여는 48시간 마라톤 유세

중원구의 새벽을 여는 48시간 마라톤 유세가 4월 9일 0시에 시작했다. 선거법이 허용하는 선거운동 마감시간인 4월 10일 24시까지 48시간 동안 중원구 주민의 생활현장을 찾아가고자 기획한 것이다. 누구보다 먼저 중원구의 새벽을 여는 분들, 누구보다 늦게 중원구의 하루를 마감하는 분들을 만나러 갈 계획을 짰다.

새벽을 여는 건설노동자들, 새벽기도를 위해 교회, 성당을 가는 분들과 하루를 시작하고, 늦은 밤 중원구의 하루를 정리하는 숨은 일꾼과도 만나고, 찜질방에서 고단한 하루를 마감하며 피로를 푸는 주민들과 함께 수다도 나누고 싶었다. 학업과 취업 걱정을 짊어진 채 늦도록 도서관에서 공부하는 청년, 카페와 주점에서 술 한잔 기울이며 고민을 나누는 20대, 30대들과 대화하고 싶었다. 성남 여성의전

2012년 4월 총선에서 당선된 후 이정희 대표와 함께 건설노동자들이
새벽에 일하러 가기 위해 모이는 성남 태평동 수진리고개에 인사하러
간 김미희 의원. 김 전 의원은 건설노조 조합원이기도 하다.

화와 여성회 활동을 하면서 일하는 여성들의 고충을 누구보다 잘 알
고 있기에 거리에서, 시장에서, 슈퍼에서, 공원에서 수많은 여성들
속으로 들어가 손을 잡고 이야기를 나누고 싶었다.

48시간 중원구의 모든 곳에서 더 많은 주민을 만나 중원구의 변
화와 대한민국의 미래를 이야기하는 시간을 갖는 건 당연한 일이었
다. 13일간의 선거운동 기간은 중원구 유권자들을 다 만나기에는
너무 짧은 시간이었다. 아직도 만나지 못한 중원구 주민이 너무 많
았다. 남은 일각, 일초까지 다 내어 중원구와 중원구 주민의 마음속
으로 더 깊게 들어가고자 48시간 마라톤 유세를 벌여 나갔다.

48시간 마라톤 유세를 통해 약속한 새벽 시간에는 일하는 여성
출근버스, 가스충전소(택시기사), 공공기관(경찰서, 파출소, 소방서

등의 당직 근무자), 인력시장(일용직 노동자), 청소노동자 등을 방문했다. 심야 시간에는 편의점(야근 아르바이트 청년), 대형 식당(비정규직으로 일하는 여성) 찜질방(지역주민), 병원 응급실(보건의료 종사자) 등을 방문했다. 선거가 끝나도 낮은 곳에서 국가와 사회의 발전을 위해 묵묵히 일하시는 분들의 이해를 대변하는 서민정치를 하기 위해 현장의 목소리를 듣는 민생행보는 계속하겠다고 결심했다.

마지막 공동유세와 트윗 지지 선언

투표일 하루 전, 공식선거운동을 불과 몇 시간 남겨두고 수정구 야권 단일후보로 출마한 김태년 후보와 마지막 공동유세를 했다. 막판 부동층 표심을 잡기 위해 동분서주하면서 총력전을 펼쳤다. 민주통합당 손학규 전 대표가 지원하러 와서 야권 단일후보 공동 승리를 이루어 달라고 호소했다.

마지막 공동유세 현장에는 비가 내렸다. 이날 비가 내리는 악천후 가운데에서도 합동유세 연설을 청취하기 위해 5백여 명의 시민들이 모여 성황을 이뤘다. 승리를 예감하는 분위기였다. 마치 축제와도 같았다.

투표 하루 앞두고 성남 지역 야권 단일후보들에 대한 각계각층의 지지 선언이 잇따라 나오면서 더욱 당선을 확신할 수 있었다. 서울대 조국 교수와 연세대 김호기 사회학과 교수 또한 트위터를 통해 지지를 선언해 주었다.

성남 지역 여성계 411명도 지지 선언을 해주었다. 이들은 '여성정치세력화 실현과 경제적 지위 향상, 모든 폭력으로부터 여성이 자유로울 수 있는 사회를 만들기 위한 정치적 활동과 연대를 지속할 수 있는 후보'로 김미희 후보를 선정했다. '여성정책을 공약하고 실현할 수 있는 실력있는 후보'로 검증된 야권 단일후보가 총선에서 당선되도록 모든 노력을 다하겠다고 밝혔다.

이처럼 SNS, 페이스북 등 다양한 소셜미디어를 통한 정치활동이 일상화된 시점에서 젊은 층에 강한 영향력을 갖춘 유명인사들의 잇따른 지지 선언은 야권 단일후보의 승리에 화룡점정을 찍었다.

중원구 '치열한 경합'

오후 6시 투표가 마감되고 지상파 방송 3사 출구조사 결과가 나왔다. 성남 수정구는 야권 단일후보인 민주통합당 김태년 후보가 당선이 유력하고, 분당을은 새누리당 전하진 후보가 앞서는 것으로 나타났다. 그러나 성남 중원구와 분당갑은 오차범위 내에서 치열한 경합 양상을 보이는 것으로 발표됐다. 중원구는 통합진보당 김미희 후보 48.8%로 45.2%가 나온 새누리당 신상진 후보를 박빙으로 앞서고 있지만, 개표를 시작하면 접전을 벌일 것으로 예측하였다.

전국적으로는 최종 결과 예측이 힘든 혼전 양상으로 나타났다. KBS 조사는 새누리당 131~147석, 민주통합당 131~147석으로 예측했고, SBS는 새누리당 126~151석, 민주통합당 128~150석으로, MBC는 새누리당 130~153석, 민주통합당 128~148석으로 예측했고, 통합진보당은 11석에서 17석을 얻는 것으로 나타났다.

중원구 선거관리위원회는 중원구 하대원동에 위치한 성남방송고등학교 체육관에서 오후 6시 이후 각 투표소에서 속속 도착한 투표함 이상 유무를 확인한 뒤, 6시 30분부터 개표를 시작했다. 아침 일찍 투표를 마치고 집에서 휴식을 취하고 있었다. 선거운동이 끝나고 긴장했던 몸이 풀리면서 피곤이 밀려왔다. 조금 쉬고 개표를 시작하면 선거사무실로 나가 선거운동원들과 개표 상황을 같이 지켜보려고 했다. 하지만 선본 관계자는 조금 더 쉬다가 선거 결과 윤곽이 나오면 오는 게 좋겠다고 했다. 오차범위 내 승리를 한다는 여론조사 결과가 나왔지만 개표 내내 박빙 승부여서 긴장을 풀 수 없었다.

방송 3사 출구조사 발표에도 박빙의 접전을 벌이면서 다소 우세(3.6%)하게 나오는 것으로 조사됐으나, 막상 개표를 진행하자 1% 내외의 치열한 접전이 종반까지 지속됐다. 밤 10시가 넘어서자 당선 윤곽이 드러났다.

개표 초반 신상진 후보에게 다소 밀리면서 출발했으나 개표 중후반을 넘어서면서 역전한 뒤 계속해서 2% 범위 내에서 피 말리는 접전을 벌인 결과 0.7%(654표) 차이로 승리했다. 4만 6,062표(46.8%)를 얻어 4만 5,408표(46.1%)를 얻은 신상진 후보에게 1% 미만의 신승을 거뒀다. 통합진보당과 민주통합당이 야권연대를 추진함에 따라 반발하면서 무소속과 정통민주당으로 출마한 후보가 5% 정도 얻는 데 그쳐 그나마 신승을 거둘 수 있었다. 4월 10일 밤 종합시장에서 벌인 마지막 대규모 집중유세에서 수정구 김태년 후보와 약속한 동반 국회 진출을 이뤄냈다. 새누리당 현역 의원들을 이기고 당선된 것이다.

당선 뒤에도 첫 마음을 유지하고 청년실업, 반값 등록금, 비정규직, 주거
문제, 4대강, 민주주의 회복, 노동법 재개정, 중소상공인 문제 등을 통해
민생을 해결하는 정치인이 되겠다고 다짐했다.

야권연대한 민주진보개혁세력의 승리

당선 확정이 방송으로 나오자 청년들이 꽃다발을 안겨주었다. 민
주통합당 이상락 전 의원이 꽃다발을 주면서 안아주니 당선을 실감
할 수 있었다. 연예인들이 연말에 상을 탄 소감을 물어보면 많은 사
람들의 이름을 부르며 감사인사를 하듯이 당선소감을 말하려니 고
마운 분들의 수많은 얼굴이 스쳐갔다. 그래서 성남시민과 중원구민
에게 감사드리고, 특히 야권 단일후보 승리를 위해 함께 해주신 민
주통합당 · 통합진보당 당원들과 지지자, 그리고 시민사회 모든 분들
께 감사하고 고맙다고 큰절로 인사했다.

야권연대와 야권의 힘을 모은 민주진보개혁세력의 승리였다. 새로운 인물, 새로운 변화를 중원구민들이 선택한 것이다. 야권연대의 정신은 국정운영과 지역정책을 실현하는 과정을 통해 구현해야 하는 과제로 남았다. 노동자, 농민, 청년, 학생, 영세상인의 아픔을 해결하는 정치인이 되어야 한다는 생각에 무게감은 더 크게 다가왔다.

당선 뒤에도 첫 마음을 유지하고 청년실업, 반값 등록금, 비정규직, 주거문제, 4대강, 민주주의 회복, 노동법 재개정, 중소상공인 문제 등을 통해 민생을 해결하는 정치인이 되겠다고 다짐했다.

중원구민들의 삶 곳곳의 아픔과 상처를 찾아내고 희망을 만들어가는 일부터 우선 해야 했다. 당선 다음 날 새벽 4시 30분, 첫 민생행보로 새벽을 여는 건설노동자들을 만나러 수진리고개를 갔다. 가장 낮은 곳에서 일하는 건설노동자분들이 건설노조 조합원이기도 한 국회의원 당선자가 출현하자 자기 일처럼 기뻐하셨다. 국회에 들어가 건설노동자들의 아픔과 어려움을 제기하고 노동자들과 함께 해결할 거라는 믿음과 기대였다. 이들의 고난을 함께하는 길이 정치인의 길이라 믿었다.

"중원구 첫 여성 국회의원"
2012년 야권연대 단일후보 당선 과정

- 2011.12.27. 통합진보당 김미희 예비후보, 19대 총선 성남 수정구 출마 기자회견 열어
- 2012.2.14. 통합진보당 김미희, 성남 수정구 총선 예비후보들에게 공동 정책협약 제안
- 2012.2.21. 성남시의료원 운영방식과 관련해 주민투표방식으로 결정할 것을 제안
- 2012.2.28. 통합진보당 성남 수정구 김미희 예비후보 정책공약 발표 '한미FTA 폐기 및 내수경제 확대로 경제주권 수립', '서민 주거 국가 책임 강화' 등의 15대 핵심 정책공약 발표
- 2012.2.29. "부자에게 세금을, 시민에게 복지를, 청년에게 일자리를~"
- 2012.3.11. 성남 지역 야권연대 성사, '반MB 연대' 가시화
- 2012.3.10. 새벽에 민주통합당 한명숙 대표와 통합진보당 이정희 대표 극적 합의

- 2012.3.14. 통합진보당 김미희 · 전지현 후보의 '아름다운 양보'
- 2012.3.22. 통합진보당 윤원석 후보가 사퇴한 성남 중원에 김미희 후보 '공천'
- 2012.3.23. 성남 지역 '야권연대' 공동선대본부 구성
- 2012.3.23. 통합진보당 성남 중원 김미희 후보 출사표 던져
- 2012.3.23. 성남시 제19대 국회의원 선거 19명 후보 등록
- 2012.3.25. 민주통합당 김태년·김창호·김병욱 후보 등 총선 필승 출정식
- 2012.3.28. "성남 중원 야권 단일후보 당선시켜 MB정권 심판하자" 민주통합당 성남 중원 지역위, 야권연대 단일후보 통합진보당 김미희 후보 지지 선언
- 2012.3.29. 성남 지역 4개 선거구 야권연대 단일후보 공동선대위 구성
- 2012.3.30. 성남에서 정치의 '4김 시대' 열리나? 손학규 전 대표 '3김 시대' 비유하여 성남 야권연대 단일후보들인 김태년, 김미희, 김창호, 김병욱 '4김 후보' 지지 호소
- 2012.4.1. 통합진보당 이정희 대표, 성남 남한산성 입구에서 김미희 야권 단일후보 지원유세 펼쳐
- 2012.4.2. "후보는 야권 단일후보를~ 정당은 통합진보당에 투표를~"

통합진보당 유시민 대표 성남 방문

- 2012.4.4. 성남 중원 '신상진 vs 김미희' 선거방송 토론회 '설전'
- 2012.4.4. "성남 지역 야권연대 단일후보 전폭 지지할 것"
- 2012.4.5. "공공의료 적극 실천할 야권 단일후보 지지할 것"
- 2012.4.5. 성남 중원 야권 단일후보 '김미희' 바람 분다
- 2012.4.7. 한명숙·이정희, 성남 수정 '야권 단일후보 김미희, 김태년' 총력 지원
- 2012.4.8. "4·11 총선에서 여소야대 국회 만들 것 확신한다"
- 2012.4.9. 민주통합당 박지원, 조국 교수 "성남 중원 김미희 적극 지지해 달라"
- 2012.4.9. 성남 중원 4·11 총선 투표 참여 촉구 '개념가게' 늘어나
- 2012.4.9. 성남 지역 야권 단일후보 지지 선언 '봇물'
- 2012.4.10. "4·11 총선 투표하면 이긴다! 반드시 투표해야"
- 2012.4.11. '4·11 총선' 성남 개표 결과 수정·중원구 '야권 탈환'
  김미희 후보는 4만 6,062표(46.8%)를 얻어 4만 5,408표(46.1%)를 얻은 신상진 후보에게 1% 미만 신승
- 2012.4.12. 성남 수정 김태년, 중원 김미희 야권 단일후보 '당선 소감'
  김미희 "야권연대로 힘을 모은 민주진보개혁세력의 승리", "이제는 진보적 정권교체다"

세 걸음

2015년 4·29 보궐선거는 '절반의 승리'

저 '짠한 후보'
김미희예요~.

시련과 고난의 정치 인생

출발선의 차이, 이기는 선거와 지는 선거

2008년 성남시 중원구 국회의원 선거도 2005년 재선거와 크게 다르지 않았다. 존재감 없는 야권 후보가 줄어들기는 했지만 경쟁력 있고 득표력 있는 야권 후보 두 명이 또 출마한 것이다. 후보의 성향으로 보면 중도와 진보의 차이였다. 당시 한나라당 후보가 2005년 재선거에 비해 조금 더 오른 지지율로 당선되었지만 민주진보 후보가 단결하면 약 10% 차이로 이길 수 있는 선거였다.

2012년 국회의원 선거는 집권 여당인 새누리당과 야권 단일후보의 1 : 1 선거 구도였다. 진보정당 야권 단일후보였던 나는 중원구로 전략 공천되어 본선 기간에 후보 등록하고 선거운동을 시작하는 어려움이 있었다. 제1야당인 새정치민주연합 예비후보로 등록하였다가 공천을 받지 못한 후보가 출마하는 등 야권 성향의 후보들이 난립했지만 결과는 당선이었다.

역사적으로 민주진보 진영이 단결하면 승리하고 분열하면 필패한다는 단순한 진리를 보여주는 선거구가 중원구였다.* 민주진보 성향이 강한 지역이지만 성남 중원구 선거는 야권 후보가 다수 출마하면 반드시 보수 후보가 당선되는 결과가 나왔다. 선거 구도가 당락

2005년 국회의원 재선거 / 한나라당 신상진 당선 2만 435표 (34.72%)		
민주노동당	정형주	1만 6,120표 (27.39%)
열린우리당	조성준	1만 2,717표 (21.61%)
민주당	김강자	6,815표 (11.58%)
무소속	김태식	1,414표 (2.4%)
무소속	양동기	854표 (1.45%)
무소속	강성현	501표 (0.85%)
2008년 총선 / 한나라당 신상진 당선 3만 4,546표 (42.96%)		
통합민주당	조성준	2만 9,446표 (36.61%)
민주노동당	정형주	1만 941표 (13.6%)
친박연대	김기평	4,832표 (6%)
평화통일가정당	권혁서	648표 (0.80%)
2012년 총선 / 통합진보당 김미희 당선 4만 6,062표 (46.77%)		
새누리당	신상진	4만 5,408표 (46.11%)
정통민주당	이대의	2,764표 (2.80%)
무소속	정형만	2,159표 (2.19%)
국민행복당	김기평	1,039표 (1.05%)
무소속	윤용호	1,036표 (1.05%)

* 성남시 중원구 득표 현황

을 거의 좌우했다. 40% 정도의 보수성향 지지층은 인물, 도덕성, 정책 등 그 어떤 요인에도 흔들리지 않는다.

2005년 국회의원 재선거와 2008년 총선에서 신상진 후보가 당선된 가장 중요한 원인은 경쟁력 있는 민주진보 후보 두 명이 출마했다는 것이다. 지역에서 꾸준히 정치활동을 했던 정치인들이라 자신만의 조직표와 색깔이 있어 일정 득표를 한다. 야권이 분열할 경우 야당 성향 유권자가 투표를 포기하거나 투표율이 떨어지는 건 당연한 일이었다. 투표해 봐야 진다는 생각에 기권해 버린다. 또한 전국의 투표율과 비교하여 중원구의 투표율이 항상 낮다. 비정규직 노동자들과 건설노동자들이 많이 살고 있어서 투표하고 싶어도 투표할

시간 내기가 어렵다. 중원구 선거에서 여당 후보 1인과 야권 후보 두 명이 출마할 경우 개표 결과는 보지 않아도 뻔했다.

야권연대 후보단일화는 피할 수 없는 당선 전략

수도권 지역은 3~5% 차이로 당락이 결정되는 초접전 지역구가 상당하다. 야권연대 단일후보와 새누리당 후보는 선거기간 1~3%의 차이로 당락이 결정난다. 야권 단일후보로 나섰다 패배한 후보들의 득표 차이의 결과 지표는 크게 다르지 않다.

그래서 야권연대 단일후보가 승리하기 위해서는 단일화 시점이 중요하다. 야권 지지층의 결집을 만들어낼 수 있는 감동적인 야권연대는 단숨에 이루어지지 않는다. 아름다운 야권연대는 먼저 가치와 내용의 합의를 만들어내는 정책연대를 하고, 본선 들어가기 전에 여론조사든 합의든 양보든 무조건 단일후보를 결정해야 한다. 사전투표가 새로 생기면서 1차 투표의 중요성이 강해지고 있다. 1차 사전투표에 모든 역량을 투입하고 2차 투표의 조직력으로 이어가야 박빙의 승리를 할 수 있다. 2010년 성남시장 선거는 시민사회단체의 주도와 중재로 정책연대의 절차를 거치고, 민주노동당 후보였던 내가 15~23%의 득표력을 가지면서 정치적, 조직적 시너지 효과를 냈던 사례이다.

후보단일화 결과를 잘 만들어내도 조직력이 취약하면 야권 단일후보 바람만으로 승리를 장담하기 어렵다. 야권단일화 역량의 조직력을 제대로 갖추고 추진해야 이길 수 있다. 2012년 총선은 짧은 기

2014년 12월 19일 헌재의 부당한 판결로 국회의원직을 박탈당한 뒤 성남시
중원구 단대오거리역 앞에서 108배를 하고 있는 전 통합진보당 김미희 의원.

간에 조직력을 발휘한 선거였다.

성찰과 결의의 108배

헌법재판소는 2014년 12월 19일 통합진보당을 강제해산하고 소속 국회의원의 의원직을 상실한다는 판결을 내렸다. 선거에서 국민의 지지와 선택을 받아 원내 의석을 얻어 활동하는 정당을 해산시키는 판결은 민주주의 사회와 헌법정신에 맞지 않아 국내뿐만 아니라 전 세계에 충격을 주었다.

특히 국회의원직 상실 판결은 헌법과 법률에 근거가 없어서 월권적 판결로 지탄받았다. 1962년 5·16 직후 만든 헌법에는 정당해산

때 국회의원직도 상실한다는 조항이 있었지만 1987년 6월항쟁 뒤 개정된 헌법에는 이 내용이 삭제되어 있다. 헌법재판소는 1987년 개정된 헌법에 기초하여 만든 기구로서 국민의 선택으로 당선된 국회의원직을 법 근거도 없이 뺏는 정치탄압을 강행한 것이다. 4년 임기를 못 채우고 국가에 의해 강제로 부당해고 당한 꼴이 되었다.

국회의원직을 박탈당한 뒤 야권연대 단일후보로 새로운 인물을 당선시켜 준 성남시민과 중원구민들에게 죄송한 마음이었다. 나는 이틀 뒤부터 아침 일찍 단대오거리역에서 출근길에 나서는 시민들에게 성찰과 결의의 마음으로 108배를 올렸다. 스스로 정치활동을 돌아보며 이런 상황을 막아내지 못한 책임을 성찰하는 한편 죽어가는 민주주의를 시민들과 함께 살리겠다는 마음이었다.

헌법재판소의 국회의원직 박탈은 위헌
– 국회의원 지위 확인 소송 제기

헌법재판소의 국회의원직 박탈은 불법이고 위헌이다. 우리나라 헌법과 법률 어디에서도 헌법재판소가 국회의원 자격을 심사하도록 권한을 부여한 바 없다. 이는 국민의 정치적 기본권인 자신의 대표를 뽑는 권리를 박탈한 것임은 물론, 헌법재판소 스스로 헌법을 위반한 것이다. 1987년 6월항쟁의 결과로 설립된 자신의 존재 이유를 망각하고, 권위를 추락시키는 무모하고 무책임한 결정을 한 것이다.

헌법재판소에 의해 국회의원직을 박탈당한 전 통합진보당 소속 국회의원 김미희, 김재연, 오병윤, 이상규, 이석기 5인은 2015년 1

월 6일 중앙선거관리위원회를 상대로 '국회의원의 지위가 있음'을 확인하는 소송을 서울행정법원에 청구하였다. 국회의원 지위 확인의 최종판단 권한은 법원에 있으며 법원이 최종 결정해야 한다고 생각했다. 헌법재판소의 결정은 아무런 법적 권한 없이 한 것이며, 법령상 근거가 없으므로 특별한 구속력이 없다. '청구 취지'에서 그 이유를 아래와 같이 밝혔다.

첫째, 국회의원직 상실은 헌법기관의 지위를 상실시키는 것이므로 이를 위해서는 반드시 법적 근거가 있어야 하는데, 그러한 근거 규정이 전혀 없었다. 국회의원직 상실은 단순히 기술적이거나 결과적인 불이익에 그치는 것이 아니라 적법한 선출 절차를 통해 부여된 헌법기관의 지위를 박탈한다는 것을 의미한다. 그런데 이에 관하여 헌법은 물론 법률에도 근거 규정이 전혀 없었다.

공직선거법 제192조 제4항은 '정당의 합병·해산 또는 제명 외의 사유로 당적이 변경된 경우 비례대표의원은 퇴직한다.'고 명문으로 규정하고 있다. 정당해산의 경우 소속 국회의원의 자격이 상실되지 않도록 규정하고 있는데, 지역구 의원은 물론이고 비례대표 의원의 경우에도 마찬가지이다. 이렇게 된 것은 군사독재정권 시절 정당들이 해당행위자의 의원직을 박탈시켜 버리기 위해 일부러 정당을 해산하고 그 해당행위자를 당원으로 받아들여 주지 않음으로써 그 해당행위자의 국회의원직을 상실시켜버리는 편법이 이용되었는데, 그러한 폐단을 막기 위해서 보호규정을 도입한 것이다. 그래서 현행 공직선거법은 정당이 해산되는 경우에도 지역구 국회의원 및 비례대표 국회의원이 의원직을 상실하지 않도록 하고 있다.

둘째, 국회의원직 상실이 정당해산심판 제도의 본질로부터 당연히

서울 종로구 재동 헌법재판소 앞에서 통합진보당 김미희 전 의원이 헌법재판소의 정당해산과 의원직 박탈을 규탄하며 1인 시위를 하고 있다.

도출되는 것이라고 볼 수 없다.

국회의원은 헌법상 일차적으로는 국민의 대표이지 정당의 대표가 아니고, 국민대표로서의 지위가 정당대표로서의 지위보다 더욱 우월하다고 해석하여야 한다. 우리 헌법과 공직선거법, 국회법 등 정치관계법은 정당 공천을 받지 않은 이른바 '무소속' 입후보와 국회의원을 허용하고 있으며(공직선거법 제48조), 국회법 제114조의2는 "의원은 국민의 대표자로서 소속정당의 의사에 기속되지 아니하고 양심에 따라 투표한다."는 이른바 '자유투표' 원칙을 천명하여 소속 정당 없이도 얼마든지 국민을 대표하여 의정활동을 계속할 수 있음을 정하고 있다.

셋째, 헌재가 국회의원 자격을 상실시키는 것은 국회의 자율권을 침해하여 삼권분립원칙에도 반한다.

헌법 제64조 제2항은 "국회는 의원의 자격을 심사하며, 의원을 징계할 수 있다."고 하여 국회의원의 자격에 관한 심사권을 국회에 전적으로 위임하고 있고, 국회법은 윤리특별위원회의 심의로 제명에 이르는 징계를 할 수 있도록 정하고 있다. 또한 국가보안법 위반 등 형사처벌을 받는 경우에는 국가공무원법 등 관련 법령에 따라 자동으로 의원직을 상실하게 된다. 이러한 조항들은 이에 의하지 않고는 의원직을 상실하지 않도록 한 것임과 동시에, 해산정당의 소속 국회의원이 개별적으로 헌법상 의무 등을 위반한 경우에는 징계 절차를 통해 얼마든지 그 의원직을 상실시킬 수 있음을 보여주는 것이다.

넷째, 헌재가 국회의원의 자격상실, 그것도 피청구인 소속 모든 국회의원의 자격상실을 선고한 것은 비례원칙에도 반하는 것이다. 국회의원이 위헌적인 활동을 하는 것은 입법활동인 만큼 위헌법률심판제도를 이용하여 그 위헌성을 제거하면 충분하다. 또는 국회의 다단계식의 입법절차들은 이런 위헌성을 제거하기 위한 일종의 여과장치가 되기도 하고, 그 국회의원들을 의회로부터 제거하지 않더라도 위헌적인 활동을 할 가능성은 시스템적으로 제거되게 마련이다.

헌법재판소가 강제 해산된 통합진보당 국회의원들의 직을 박탈한 것과 관련해 분명한 것은 헌법과 법률에 명시된 규정이 없다는 것이다. 학계나 법조인을 중심으로 헌법재판소의 정당해산에 의한 국회의원 지위 상실과 관련한 법률적 비판이 끊이지 않는 것 역시 이와 무관하지 않다.

사법부가 권력자의 독단이나 자의를 배격하고, "국가 권력의 행사는 국민의 의사를 대변하는 국회에서 만든 법률에 근거해야 한다."는 근대 입헌 국가의 정치원리인 법치주의를 수호해 주기를 다시 기대하면서 서울행정법원에 '국회의원 지위확인' 소장을 접수했다. 사법부가 헌법과 법률에 따른 법리적 판단을 통해 우리의 청구를 시급히 인용하여 헌법재판소의 권한남용에 대한 책임을 엄중히 묻고 무너져가는 민주주의를 회복시키며 양심과 정의가 살아 있음을 보여주길 간곡히 바란다.

'여권 전승, 야권 전패'의 선거 구도

선거 출마 결심이 4·29 보궐선거만큼 어려운 적이 없었다. 나를 생각해서, 또는 야권이 분열될까 봐 출마하지 말라고 권유하는 분들이 많았다. 진보정당 정치인은 이길 확률보다 질 확률이 높고, 선거 보전금을 받지 못해 빚이 쌓여도 선거 출마를 숙명으로 받아들인다. 진보정치를 조금이나마 발전시키기 위해서 선거라는 국면을 활용해야 하기 때문이다. 고심 끝에 한 달 뒤 출마를 결심했다. 중원구 보궐선거를 두 달쯤 남겨두고 국회 정론관에서 출마 기자회견을 했다.

헌법재판소의 국회의원직 박탈은 정치적 판결이다. 임기를 1년 6개월 남겨두고 헌법기관인 국회의원직을 박탈당하고 나니 좌절감이 들었다. 헌법재판소의 판결로 민주주의가 후퇴하고 법치주의는 무너졌는데 헌재 판결 후 여론조사는 정당해산 지지가 70%에 육박하게 나온다고 종편에서 대대적으로 보도했다. 정당해산 결정 이틀 뒤인 2014년 12월 21일 리얼미터의 여론조사 결과 '올바른 결정이다'가 60.7%, '무리한 결정이다'가 28.0%로 나왔다. 주위 사람들도 이 말도 안 되는 상황에 말문이 막혀 버렸다.

이런 상황에서 중앙선관위는 국회의원직 박탈 지역을 보궐선거 지역으로 정하고 선거 돌입 준비를 했다. 보궐선거에 출마하여 중원구민들의 심판을 받는다는 것이 망설여지기도 했다. 그러나 정치인으로서 부도덕한 행위를 한 것도 아니고, 불법 정치자금을 받은 것도 아니어서 부당하게 박탈된 주민의 선출권을 되찾기 위해 나서야 한다고 결론을 내렸다. 또한 가만히 앉아 정치탄압, 정치보복을 당할 수는 없었다.

2015년 1월 22일 내란사건 대법 판결(내란음모 무죄) 이후 사회동향연구소가 1월 24~25일 양일간 전국 성인 남녀 1,007명에게 여론조사한 결과 "헌법재판소가 대법원과 대립되는 판단으로 정당해산을 결정한 것은 문제가 있다."는 주장에 '공감한다'가 47.1%, '공감하지 않는다'가 36.6%였다. (연령별로는 30대에서 '공감한다'가 66.3%로 가장 높았고, 지역별로는 호남 지역에서 '공감한다'가 55.3%로 가장 높았다.)

헌법재판소의 초법적 판결로 무시당한 성남 중원구민의 소중한 권리를 되찾겠다는 의지로 중원구민을 만나기 시작했다. 통합진보당에 대한 사상 초유의 정당해산은 정권의 위기를 감추기 위해 허위와 거짓으로 조작한 마녀사냥이다. 박근혜 정권의 실정을 준엄하게 꾸짖던 진보정당과 민주세력에 대한 정치보복이자 제2의 유신독재 회

헌법재판소의 통합진보당 해산 결정에 불복해 재심을 청구하는
김미희, 김재연 의원과 변호인단.

귀 음모이다.

헌법재판소는 이른바 내란음모사건에 대한 대법원의 판결도 있기
전에 무엇이 급했는지 허겁지겁 해산선고를 내렸다. 허위와 오류로
가득한 헌재의 판결문은 스스로 내란음모 조작에 편승하고 있음을
증명해줄 따름이었다. 게다가 헌법과 법률, 그 어떤 명문 규정에도
없는 국회의원직 박탈 결정은 그야말로 초법적인 권한 남용이다.

이번 출마는 단지 개인의 명예를 되찾고자 함이 아니다. 가혹한
공안탄압과 진보정당 파괴공작에 당당하게 맞서야 했다. 박근혜 정
권이 짓밟고 파괴한 민생과 민주주의를 살리고, 헌법재판소의 부당
한 판결에 의해 무시당한 성남 중원구민의 소중한 권리를 되찾기 위
해 당당하게 중원구민을 만나겠다고 마음먹었다.

19대 국회의원으로 다시 떳떳하게 당선되어 보건복지 전문가로서 그동안 추진해 왔던 복지정책, 그리고 지역 현안 문제를 마무리 짓고 싶었다. 그것이 중원구 주민들이 지난 2년 반 동안 한결같이 나에게 보내주었던 사랑과 믿음에 보답하는 유일한 길이라고 확신했다.

야권에도 요구했다. 이번 보궐선거에서 헌법재판소에 의해 부당하게 의원직을 박탈당한 진보당 의원들이 새누리당 후보와 1 : 1로 대결하여 승리할 수 있도록 도와달라고 호소했다. 그러나 그러한 호소를 새정치민주연합 지도부는 귀담아듣지 않았고, 보궐선거의 모든 지역에 후보를 출마시켰다. 여권 전승, 야권 전패의 선거 구도가 짜인 것이다. 2012년 야권연대 단일 후보 구도로 집권여당과 맞서 승리했던 단결의 기운은 사라지고 야권이 분열된 상태에서 선거를 치르게 되었다.

20대부터 30년간 청춘의 모든 것을 바쳐 성남시민들과 함께했다. 2012년 국회의원 당선 뒤 지난 2년 반 동안 하루도 쉬지 않고 중원구 주민이 보내준 관심과 사랑에 보답하기 위해 정말 열심히 노력했다. 법에 보장된 주거이전비를 지급하도록 국토교통부와 토지주택공사의 결단을 이끌어냈으며, 재개발 중단으로 인한 주민들의 고통을 덜기 위해 국회 본회의장에서 국가의 책임을 물어 확인했고, 주거환경개선사업 과정에서 파손된 가옥의 보수와 소음, 먼지 문제를 해결하기 위해 예결특위에서 정책 질의도 했다.

성남시민의 숙원사업인 성남시의료원 등 지방의료원의 공공성 강화를 위한 법 개정안을 대표 발의하여 통과시켰고, 성남종합스포츠센터의 정상적인 완공을 위해 정부와 경기도에 약속 이행을 요청했다. 자라나는 아이들의 안전과 어르신들에 대한 복지확대 분야에서 여러 성과를 가져왔다. 그리고 무엇보다 박근혜 정권이 추진하는 의료민영화, 철도민영화를 막기 위해 앞장서 왔다. 공공부문 비정규직 노동자들의 무기계약직 전환과 처우개선을 위해 국회에서 발언하고, 노동자들이 부르는 현장에 달려가 지원하였다.

이번 보궐선거 당선자의 임기는 불과 1년이기에 남은 1년 동안 중원구민을 위해 추진한 여러 가지 의정활동과 사업이 잘 마무리될 수 있도록 힘을 모아주길 간절히 바랐다. 성남 재개발에 대한 국가의 책임을 다할 수 있도록, 성남시의료원이 전국 최고의 공공병원이 될 수 있도록, 도촌동 보호관찰소가 완전 백지화될 수 있도록, 마을도서관이 동네 곳곳에 들어설 수 있도록 남은 1년 동안 다시 한 번 기회를 달라고 호소했다.

치졸한 정치보복, 비열한 정치탄압

통합진보당이 해산되고 국회의원직이 강제 박탈된 뒤에도 공안세력의 정치탄압은 계속되었다. 2월 25일 중앙선거관리위원회는 허위회계보고 운운하며 6명의 통합진보당 전직 국회의원을 비롯하여 22명을 고발하고 수사 의뢰하였다고 발표하였다.

중앙선거관리위원회가 발표한 소위 '전 통합진보당 위헌정당 해산 회계보고 실사결과'는 두 달 동안의 조사 과정에서 이미 다 소명된 내용을 마치 무슨 중대한 위법 사항이 있는 것처럼 비틀고 왜곡한 악의적인 허위, 왜곡이다.

정권이 헌법재판소를 내세워 통합진보당 해산을 강행하고 불법적으로 의원직을 박탈하였지만 민주주의 파괴, 법치주의 파괴였다는 비판의 역풍을 맞자 이를 모면하기 위해 중앙선관위를 내세워 전 통합진보당과 소속 국회의원들에게 도덕적 흠집을 내려 한 것이었다. 나아가 4월 보궐선거를 앞두고 선거를 공정하게 관리해야 할 중앙선관위가 정치탄압에 앞장서서 전 통합진보당 의원들의 선거운동을 방해하는 셈이었다.

전 통합진보당 중앙당 당직자들과 회계담당자들은 당이 강제로 해산된 상황인데도 불구하고 그동안 회계보고와 관련하여 선관위의 절차와 요구에 따라 성실하고 투명한 소명을 해왔다. 일부 당직자의 행정적 · 사무적 실수나 오류와 관련해서도 모두 투명하게 소명하였고, 중앙선관위의 회계보고 담당자도 "통합진보당의 회계가 투명하게 정리되었다."는 입장을 수차례 밝혔다. 민주노동당과 통합진보당은 선관위로부터 회계보고를 투명하게 하여 타 정당의 모범이라는 평가를 들어왔다.

국회의원 후원회를 통한 정당의 불법정치자금 조성혐의라는 것은 전혀 사실과 다르고 악의적인 끼워맞추기식 발표였다. 통합진보당 중앙당은 후원회를 통한 불법 정치자금을 조성한 적이 없다. 지지자들과 노동자들이 자발적으로 후원금을 국회의원 후원회에 납부한 것이다.

통합진보당 중앙당은 물론 시도당 또한 매년 수억 원 정도의 적자 구조를 가지고 있다. 중앙당 당직자 임금을 제때 주지 못할 정도의 재정 상황이다. 그래서 통합진보당 국회의원들은 민주노동당 때부

전 통합진보당 오병윤, 이상규, 김재연 의원이 양재동 서울행정법원 앞에서
기자회견을 열고 서울행정법원에 중앙선관위를 상대로 전 통합진보당 의원
다섯 명의 국회의원 지위 확인 소송을 제기한다고 밝혔다.

터 통합진보당에 이르기까지 10년간 당 재정의 열악한 상황을 조금
이나마 해결하기 위해 특별당비, 채권, 펀드 등의 다양한 방식으로
노력했고, 노동자 평균임금을 받으면서 어느 당 의원보다 깨끗한 의
정활동을 해왔다.

법의 불공평함은 진보정당운동 과정에서 여러 가지 사건을 겪으
면서 자연히 알게 되었다. 2~3년 소송을 하려면 시간, 돈, 노력을
쏟아부어야 하고 무엇보다 마음은 황폐화되고 가슴은 멍투성이가
되기 십상이다. 힘의 차이가 분명한 상황에선 법정도 기울어진 운동
장일 때가 많았다. 여러 재판을 치르면서도 의정활동을 열심히 하기
위해서는 몸과 마음을 몇 배로 더 혹사해야 했다.

"헌재는 의원직 박탈 권한이 없다"

보궐선거 예비후보 등록을 하고 며칠 지나서 〈민중의소리〉와 인터뷰를 했다. 4·29 보궐선거에서 나의 지역구인 성남 중원 선거는 주민권리를 무시한 정치에 대한 심판이라고 규정했다. 또 새정치민주연합이 의원직 상실을 결정한 헌재 결정을 문제 있다고 생각한다면 이번 보궐선거에서 후보를 안 내는 것이 맞다고 말했다.

헌재가 진보당 해산 결정을 내릴 당시 야권에서는 헌재 결정을 두고 '민주주의 위기'라고 평가하며 유감과 우려를 표했다. 새정치민주연합 문재인 대표도 "국가권력으로 당을 해산시키는 것은 바람직하지 않다."며 헌재의 결정을 반대했다. 그러나 문 대표는 4·29 보선에서 지금은 진보정당과의 선거연대를 국민들이 지지한다고 보지 않는다며 불가 입장을 보였다. 새정치민주연합 지도부는 전 진보당과의 연대에 선뜻 찬성하지 않는 상황이었다. 지금의 진보당 탄압은 야권을 갈라놓기 위한 정치 탄압이다. 새누리당이 장기집권을 하기 위해 진보정당을 파괴하고 야권분열을 조장하는 것이다. 정권의 장기적인 포석에 야권이 단기적으로 대응하지 말아야 했다.

3월 3일 〈민중의소리〉와 인터뷰하는 날 국회 대정부질문에서는 새정치민주연합의 중진인 6선의 이해찬 의원이 헌재의 진보당 해산 결정을 두고 "헌재는 의원직 박탈 권한이 없는데도 법무부가 의원직 박탈을 요구했다며 입법부 권한을 법무부가 침해한 것"이라고 황교안 법무부 장관을 호되게 질책했다.

"4·29 보궐선거는 헌재 결정에 대한 심판"

헌법재판소 결정으로 국회를 떠나게 된 지 2개월이 지났다. 그동안 어떻게 지냈나?

김미희_ 생활 패턴이 특별히 바뀐 것은 없다. 국회로 출근을 안 할 뿐이지.(웃음) 정당해산·의원직 상실을 반대하는 108배도 했고, 하루종일 사람을 만나고 뛰어다닌다. 의원 활동을 할 때는 매일 지역주민과 함께 생활하고 싶은 마음이었지만 여건상 그러지 못했는데, 지금은 날마다 중원구민들을 만나고 있다. 고향으로 돌아온 기분이다.

헌재 결정에 지역 주민들도 안타까워했을 것 같다. 지역 주민들 반응은 어땠나?

4·29 보궐선거에 출마한 김미희 전 통합진보당 의원은 "이번 보궐선거에서 정권과 헌재가 국민주권을 무시한 것에 대한 중원구민들의 심판이 무엇보다 중요하다고 본다."고 말했다.

김미희_ 헌재 결정 전 주민들은 '설마 정당을 해산하겠느냐' 이렇게 생각하는 분도 많았다. 그런데 정말 해산되는 것을 보고 시대에 맞지 않는 정권의 행태에 탄식하는 주민도 있었다. 저를 아는 분들은 다 "정말 열심히 했는데 이런 일이 생겨 안타깝다. 잘되길 바란다."는 응원과 격려를 해주셨다. 그런 말씀에 힘을 얻어 설 전인 2월 10일 예비후보 등록을 하고 선거운동을 지금까지 하고 있다.

이번 보궐선거는 주민권리를 무시한 정치에 대한 심판

이번 4·29 보궐선거는 헌재의 통합진보당 해산과 소속 국회의원들의 의원직 박탈로 인해 치러지게 되었다. 선거의 의미를 어떻게 규정하고 있나?

김미희_ 한마디로 주민권리를 무시한 정치에 대한 심판선거라고 본다. 제 개인적인 명예회복 차원의 문제가 아니다. 제가 초선으로 국회의원직을 2년 7개월 동안 했지만 정말 단 하루도 쉬지 못했다. 단 하루라도 한번 푹 자는 게 소원이었는데…(웃음) 그런 것만 보면 제 개인적으로 국회의원 욕심은 중요하지 않다.
이번 보궐선거에서 정권과 헌재가 국민주권을 무시한 것에 대한 중원구민들의 심판이 무엇보다 중요하다고 본다. 이런 점을 지역구민들을 뵐 때마다 강조하고 있다.

의원직을 상실했는데, 그런 사람이 다시 출마한다는 것에 의아해하는 분들도 있을 것 같다.

김미희_ 보통 부패나 비리로 의원직을 상실하면 다시 출마 못한다.

그러니 저에게도 '출마가 가능한 거냐'는 질문을 하는 주민이 꽤 된다. 이런 상황 자체가 헌재 판결의 부당함을 설명해 주는 것이 아닌가? 헌재가 법에도 없는 짓을 저질렀다는 점부터 설명하고 있다고 본다.

정당해산을 청구한 것은 제2의 유신 행위

헌재에서 진보당을 해산하고, 또 국회의원직 상실 결정을 내리리라고 예상했나?

김미희_ 전혀 못했다. 대법원 판결이 남은 상태에서 헌재가 먼저 결정을 하리라고 생각하지도 않았고, 또 그런 결정을 내리리라고 생각하지 않았다. 상식이라는 게 있는 것 아닌가? 과거 박근혜 대통령의 아버지였던 박정희 대통령이 초헌법적인 유신조치로 수많은 반대인사들을 탄압한 것처럼 지금 박 대통령도 자신에게 조금이라도 걸림돌이 된다면 누구도 용납하지 않겠다는 뜻으로 보인다. 정당해산을 청구한 것이 이미 제2의 유신행위인데 헌재가 이를 추인한다는 게 상식적인가? 심지어 헌재는 '한국적 특수성'을 근거로 댔는데, 유신 당시 '한국적 민주주의' 어쩌고 한 것과 똑같았다.

헌재의 결정에 대한 재심청구서를 제출했다.

김미희_ 졸속적 헌재 판단이 반드시 바로잡히리라 확신한다. 내란음모에 대해 무죄를 선고한 대법원 판결 이후 헌재 결정을 성토하는 목소리가 크게 높아졌다. 헌재가 재심을 받아들이는 것 자체가 반성의 출발이 될 것이다.

새정치민주연합은 이번 선거에 후보를 내지 말아야

새정치민주연합 문재인 대표는 헌재의 결정에 문제가 있다면서도 이번 4·29 보궐선거에 연대는 없다고 선을 그은 상태다. 지난 총선에서 단일 후보로 당선된 입장에서 어떻게 보는가?

김미희_ 새정치민주연합 이해찬 의원이 대정부질문을 하면서 황교안 법무부 장관을 호되게 질타했다. 제가 질문해도 그런 말을 했을 텐데. 이 의원이 말해 줘서 감사하다. 그런 말이 야당의 입장이어야 하고, 새정치민주연합이 그런 입장을 명확히 가져야 한다.
문재인 대표도 부족하지만 헌재 결정에 대해 문제가 있다는 말을 했는데, 그렇다면 이번 선거에서 후보를 내지 않는 게 맞다. 이번 선거가 헌재의 무도한 결정에 대한 심판이라면 결자해지를 해야 할 사람이 나라고 본다. 민심이 얼마나 무서운가를 확인하는 선거가 되어야 한다는 것이다.

4·29 보선이 치러지는 성남 중원은 여당과 접전이 펼쳐질 것으로 예상되는 곳이다. 야권 후보가 여럿 나올 경우엔 필패라는 전망이 있다.

김미희_ 저는 2012년 총선에서 야권 단일후보였다. 헌재는 당시의 민주당 유권자들의 뜻도 무시한 것이다. 새정치민주연합은 이번 선거가 왜 치러지는지 원점에서 다시 생각해야 한다. 지금 저로 힘을 모은다면 다른 논의가 필요없다.

또 새정치민주연합은 지금의 진보당 탄압이 야권을 갈라놓기 위한 정치 탄압이라는 걸 상기해야 한다. 장기집권을 하기 위해서는 진보정당을 파괴하고 야권의 분열을 조장해야 한다. 정권의 긴 포석에 단기적으로 대응하지 않았으면 좋겠다. 남은 1년, 시립병원을 전국최고의 공공병원으로 만들겠다.

명함을 보니 "남은 임기 1년 하던 일은 마치게 해주세요."로 되어 있는데 이 슬로건을 채택한 이유가 있나?

김미희_ 야권이 단결해야 한다는 질문도 있었지만 이 논의 전에 중요한 것은 제가 중원구민에게 약속하고 또 현재 실행하고 있는 사업이 여러 가지가 있다는 것이다. 무엇보다 시립병원을 전국 최고의 공공병원으로 만들고 도촌동 보호관찰소 이전 완전 백지화, 재개발 관련 주민분담 인하 등 굵직한 민원사항이 추진 중이라는 것을 말씀드리고 싶다. 그런 점에서 남은 임기 1년은 어떤 기간을 말하는 것이 아니라 중원구민과의 약속을 반드시 지키겠다는 소망을 담은 것으로 헤아려 줬으면 한다.

며칠 전이 박근혜 대통령의 취임 2주년이었다. 어떻게 평가하나?

김미희_ 진보당 탄압 말고 뭘 했는지 아무도 아는 사람이 없다. 기초연금, 보육료 지원 등 대선공약 다 파기하고 복지는 실종됐다. 담뱃값 인상이나 연말정산 세금 폭탄을 밀어붙이고 부자와 재벌들을 감세로 감쌌다. 세월호 진상규명은 특별법만 만들어 놓고 개점

휴업이고… 국정원장을 대통령 비서실장으로 앉힌 것은 정말 이해할 수 없다. 박근혜 정권이 이리도 일방적으로 밀어붙이기 위해 통합진보당을 해산한 것 아니냐는 말이 돌 정돈데, 이번 보궐선거에서 중원구 주민들께서 박근혜 정권을 심판하기 위해 저를 선택하실 거라고 믿는다.

황교안 법무부 장관이 진보당 출신 의원들의 활동을 제재하는 법안을 내놓겠다고 했다. 또 이석기 잔존 세력 운운하면서 옛 진보당을 내사 중이라고 했다. 어떻게 생각하는가?

김미희_ 말도 안 되는 억지 주장이다. 실현 불가능한 법안이라고 생각한다. 지금 출마하는 진보당 소속 전 의원들을 깎아내리기 위해 억지 주장을 하는 것이다. 황 장관이 법률도 무시하고 대법원도 무시하면서 뭔가를 또 조작하려는 것이라면 당장 중단하기를 촉구한다. 진보당에 대한 종북몰이를 재탕하는 것은 이제 국민들에게 통하지 않고, 국민들도 더 이상 속지 않을 것이다.

〈민중의소리〉(김백겸 기자, 2015. 3. 3.)

서울 광화문광장에서 통합진보당 김미희 의원이 박근혜 정권 규탄과 내란음모조작사건 구속자 무죄 석방을 촉구하는 릴레이 1만 배에 참가했다.

야권연대 가능성 제로

각 정당 상황이 복잡해졌다. 무엇보다 새정치민주연합이 전 통합진보당 후보와는 선거연대를 하지 않겠다고 중앙당에서 선언한 것이다. 야권연대를 종북세력과의 종북연대이고 야합이라고 주장하는 새누리당의 정치공세에 대하여 새정치민주연합은 정면돌파를 하지 않았다. 전 통합진보당 세력과는 단절하고 이른바 합리적 진보세력이라고 주장하는 정치세력과 부분적 연대만을 생각했다.

새누리당 전략대로 새정치민주연합은 '야권연대 불가'라는 뜻(프레임)에 갇힌 것이다. 새정치민주연합은 성완종게이트와 세월호 1년으로 조성된 역동적인 정세를 당 지지율 상승의 계기로 삼아 야권연대 없이 독자 돌파하겠다고 밝혔다. 결정적 오판이었다.

합리적 진보, 헌법 안 진보를 표방하는 정의당은 새정치민주연합과 '야권연대는 없다'고 선언하고 정치적 존재감을 확보하면서 도약의 기회를 모색하려 하였다. 그러나 후보의 약세로 재보궐선거 구도를 흔들기에는 역부족이었다. 정의당은 2016년 국회의원 선거의 주도성을 높이기 위해 사퇴가 아닌 완주로 방향을 세워 새정치민주연합과 야권연대는 없다는 공식입장을 냈다.

전 통합진보당 후보들이 출마한 성남 중원과 서울 관악은 부당한 헌법재판소의 판결로 인한 의원직 박탈로 치러진 보궐선거이기에 새정치민주연합이 후보를 내지 않기를 바랐다. 부당해고 한 박근혜 정권의 새누리당 후보와 해고당한 전 통합진보당 의원의 1:1

헌재의 부당한 결정으로 치르는 4·29 보궐선거에 새정치민주연합은
후보를 내지 말았어야 했다.

구도로 선거를 치러 전 통합진보당 국회의원들이 승리한다면 역사의
물줄기는 달라질 수도 있었다. 야권의 맏형격인 새정치민주연합이
정치적 결단을 내려야 했다. 결단을 통한 야권연대의 대의명분은 충
분했다.

새정치민주연합과 협의를 통한 야권연대 가능성은 거의 제로에
가까운 일이 되었다. 지도부가 결단하더라도 지역의 반발은 클 수 있
었다. 다만 전 통합진보당 후보들의 정치적 존재감이 여전히 살아있
기에 지지율이 두 자릿수를 넘어설 경우 야권연대의 흐름이 만들어
질 가능성만 희미하게 남아 있었다. 주체세력 간의 감동적인 야권연
대 가능성은 사라지고 선거공학적 야권연대 가능성만 기대할 수 있
었다.

부분적인 야권연대를 위하여

무소속 김미희 후보와 새정치연합 정환석 후보 양측의 결단을 통한 부분적인 야권연대 방안이 남아 있었다. 쌍방의 양보를 통해 정치적 단일화를 추진하고 정책연대를 통한 연합정치 실현을 합의하면서 야권연대의 결과물을 이끌어내는 것이다. 이는 3자 선거 구도에서 새누리당 후보 1강과 새정치민주연합 후보와 무소속 후보의 2중 구도에서 가능한 야권연대 방안이다. 2중은 아니더라도 판세에 영향을 미치는 지지율이 나와야 한다. 1강 1중 1약의 선거 구도는 새누리당 후보 당선으로 고착화되는 선거 구도이다. 새누리당 신상진 후보는 세대별 투표율에 따라 최대 45~48%를 득표할 수 있는 자체 역량을 가지고 있었다. 여론조사에서 꾸준히 46% 정도의 지지율을 보였다. 야권 단일후보가 51% 이상 득표하려면 야권연대로 인한 시너지 효과가 있어야 한다. 야권 후보의 지지율이 최소한으로 좁혀져야 최상의 야권 단일후보를 만들 수 있다.

전 통합진보당 출신의 후보가 출마한 세 곳 중 한 곳이라도 야권 단일후보가 되어 당선된다면 정권의 국정 운영에 결정적 영향을 끼칠 것이다. 앞으로 민주주의를 회복하고 공안탄압을 종식시키는 계기로 삼을 수 있고, 2016년 총선과 2017년 대선 이슈에서 종북주의를 잠재울 수 있는 기회가 된다. 2010년 지방선거에서 이재명·김미희 후보가 이룬 야권연대처럼 공감과 감동의 야권연대를 만들어내야 새누리당을 이기는 동력이 생길 것이다.

다시 결심하다, '처음처럼'

세월호는 평생 안고 가야 할 정치인의 몫

4·29 보궐선거의 공식 선거운동이 시작된 16일은 공교롭게 세월호 참사 1주기가 되는 날이다. 희생자를 기리는 취지에서 가슴에 노란 리본을 달았으며 로고송과 율동을 자제하기로 했다. 로고송과 자원봉사자 율동을 하지 않고 세월호 추모 영상, 추모 발언을 중심으로 세월호 가족, 국민들과 함께하는 의미에서 '추모 유세'로 진행하였다.

세월호는 한국 사회의 부끄러운 민낯을 고스란히 드러냈다. 세월호는 우리 모두에게 삶의 근본을 성찰하게 했다. 국가의 무능과 자본의 탐욕을 반성하고 대대적 혁신을 해야 할 시점임을 알리는 신호였다. 언론과 정치권은 바닷속 객실에 갇힌 아이들을 '사고 희생자'의 틀에 가뒀고, 세월호 문제를 사회 갈등과 정치세력 간의 반목과

세월호 참사 1주기를 맞아 성남시 주민들이 야탑광장에서
풍등날리기 행사를 가졌다.

대립으로 내몰았다. 이제 그 누구도 세월호를 떠나 정치를 생각할
수 없게 되었다. 세월호의 진실을 밝혀내지 못하는 한 우리의 삶은
어쩔 수 없이 계속 그 공간과 시간에 머물 수밖에 없다.

2014년 세월호 사건 뒤 진도 팽목항에서 대한약사회가 운영하는
자원봉사약국에 두 번 가서 야간 밤샘 근무를 했다. 그중 한번은 추
석 때 자원봉사 약국에 근무할 약사가 없다고 하여 내려갔다. 안타
까운 마음으로 묵묵히 일했다. 다른 자원봉사자들도 성심껏 자신이
담당하는 일을 하고 있었다.

세월호 침몰 후 정부와 책임 있는 사람들이 이야기하는 것은 시스
템 혁신뿐이다. 해경 해체, 관피아 척결, 안전 구조 시스템⋯. 그러

나 시스템을 움직이는 것은 사람이고 조직의 리더들이다. 해결하는 힘도 지도력과 정치력이다. 아무리 좋은 시스템과 제도가 있다 해도 그것을 움직이는 통합적 지도자가 보이지 않는다면 시스템은 빛 좋은 개살구일 뿐이다.

세월호 참사 현장에는 지도자와 책임자가 보이지 않았다. 선장은 해경 구조선에 올라타면서 배 안에 있던 동료 승무원과 승객들에게 "탈출하라!" 외치지 않았다. 해경 함장은 선장에게 "당장 배로 복귀하라!"는 명령을 내리지 않았다.

오히려 희망을 본 건 세월호 내부였다. "선원이 마지막이야. 너희들 다 구조하고 나갈 거야." 스물두 살 승무원 박지영은 자신이 입고 있던 구명조끼를 벗어 단원고 여학생에게 입히는 살신성인의 자세를 보여주었다.

승무원 정현선, 아르바이트생 김기웅, 단원고 학생 정차웅, 양온유, 김주하, 최덕하…. 젊은 그들은 끝까지 승객 곁을 지켰고, 친구들을 구하려고 배 안으로 다시 들어갔고, 바다로 뛰어들었다. 그들을 지키고 안전을 책임져야 하는 대통령, 정치인, 총리, 장관, 해경, 선장 같은 사람들을 부끄럽게 만들었다.

"기다려라!"는 말을 믿고 구조를 기다린 아이들을 생각하면 어떻게 가르치고 교육해야 하는지 고민하게 된다. 전쟁에서 승리하는 장군들의 공통점은 부하들에게 믿음과 신뢰를 주는 것이라 한다. '저 사람을 따라가면 내가 살 수 있다'는 강한 믿음을 주는 것이다.

관료 조직의 가장 큰 문제점은 공감능력 부족과 경직성이다. 대통령의 지침이나 해당 부처 최고 권력자의 지침만을 기다리는 소극성,

무책임성은 국가 곳곳에 자리잡고 있다.

2014년 4월 20일 새벽, 세월호 실종자 가족들이 "박근혜 대통령을 만나겠다."며 실내체육관을 나섰을 때도 다르지 않았다. 경찰이 버스를 막자 가족들은 진도대교 앞까지 10여km를 걸어갔다. 희망이 보이지 않기에 대통령을 만나지 않으면 자식들을 구할 수 없다는 절박함 때문이었다. 대통령 만나기를 그토록 원하는 세월호 가족을 못 만날 이유가 무언가. 가족이 원해서가 아니라 대통령이 원해서 수십 번이라도 만나 이야기를 듣고 국가가 할 수 있는 모든 영역에서 조치를 취하는 게 도리이다.

대통령의 사과는 사고 발생 13일 만에 나왔다. "사전에 사고를 예방하지 못하고 초동 대응과 수습이 미흡했던 데 대해 뭐라 사죄를 드려야 할지…." 이어서 해경 해체와 국가안전처 신설과 '관피아(관료 마피아)' 추방을 공언했다. 그런데 대통령이 사과한 장소는 실종자 가족이나 국민 앞이 아니라 국무위원 앞이었다. 국민, 가족과는 직접 소통하지 않겠다는 생각으로 보일 수도 있었다. 대통령의 말과 행동 하나하나가 국민과 가족에게는 희망이 되기도 하고 절망이 되기도 한다. 최근 서거한 김영삼 대통령도 사건이 터질 때면 국민 앞에서 사과했다. 정부의 최고 책임자로서 국민과 가족 앞에서 사과해야 했다.

김미희는 '짠한 후보'

보궐선거 본선에 돌입하기 전, 여론조사로 중원 민심을 점검하였다. 당시는 정당해산과 공안탄압 속에서 온갖 덧칠과 마타도어 때문에 전 통합진보당 정치인들의 정치 생명이 끝났다고 보는 사람들이 민주진보진영에도 많았다. 3% 정도의 지지율이 나올 거라고 전망하고 기대도 하지 않았다.

3월 5일 시대정신연구소가 성남언론인협회 의뢰로 실시한 여론조사에서 나에 대한 지지율은 8%로 나왔다. 4월 3~5일 CBS 〈노컷뉴스〉가 조원씨앤아이에 의뢰한 조사에서는 11.5%를 기록해 상승 추세의 가닥을 잡았다. 4월 11~12일 〈리서치뷰〉 조사에서는 15.2%, 투표의향층에서는 16.2%까지 나왔다.

나의 지지율이 조금씩 상승하는 여론조사 결과가 의미하는 바는 크다. 8%의 지지에 대해 〈조선일보〉는 전 통합진보당 의원들이 "6~9% 정도의 콘크리트 지지율"을 보이고 있다고 보도한 바 있다. 그들이 말하는 콘크리트 지지율을 넘어서 15% 이상의 지지율을 보이며 상승 추세로 나아가고 있었다. 새누리당, 새정치민주연합, 무소속 후보의 1강, 2중 구도가 형성된 것이다. 성남에서 무소속 후보로 출마하여 두 자리 지지율을 얻은 후보는 없었다.

지지율 상승 추세의 요인 중 하나는 의원직 강제박탈에 대한 여론의 변화이다. 여론조사 전문기관인 사회동향연구소가 4월 4~5일 진행한 조사에서 "중원구민이 뽑은 국회의원의 의원직을 일방적으로 박탈하여 주민 권리를 침해한 박근혜 정부에 경종을 울려야 한다."는 주장에 대하여 '공감한다'는 답변이 37.7%로 나왔다. 현재의 국회의원직 박탈에 대한 거부감이 조금씩 상승하는 것이 확인되었다. 37.7%는 지지도는 아니지만 선거판을 뒤흔들 수 있는 경향

헌법재판소의 정당해산 결정으로 국회의원직을 박탈당한
통합진보당의 이상규, 김미희 의원.

성을 보여준 지표라고 생각되었다. 흔한 말로 김미희는 '짠한 후보'
인 것이다.

다른 하나는 이번 보궐선거의 성격이다. 앞에서 인용한 CBS 여
론조사 내용 중 이번 선거의 성격을 묻는 질문에 대해 성남 중원의
경우 '지역일꾼 선출(47.3%)', '현 정권 평가·심판(27%)', '종북정
당 심판(15.8%)' 순으로 나타났다. 이상규 의원이 출마한 서울 관
악을의 경우에도 '지역일꾼 선출'이라고 답한 유권자가 48.4%로 가
장 높게 나타났고, 다음으로 '현 정권 평가·심판(30.5%)', '종북정
당 심판(13.3%)' 순이었다.

한마디로 새누리당이 이번 선거의 프레임으로 세우려 했던 '종북
심판 선거'는 유권자의 호응을 얻지 못했다. 새누리당이 들고 나온

종북정당 심판론은 선거의 종속변수였다. 그러나 새누리당의 종북 연대론은 야권연대 없이 3자 구도로 선거를 마무리하려는 속셈이었는데, 이 전략은 새정치민주연합에 어느 정도 통했다.

'지역일꾼론'이 47%인 상황에서 남은 임기가 불과 1년이고 국회의원 활동 경험이 전무한 새정치민주연합 정환석 후보의 흡수력이 한계에 부딪히리라 예측하였다. 새정치민주연합 후보가 독자적으로 당선되기는 어려운 상황이었다.

성완종게이트는 미풍

4·29 보궐선거에서 성완종게이트는 힘을 발휘하지 못하고 정치적 불신과 냉소로 이어졌다. 집권당과 검찰의 물타기 전략에 의해 '메모에 적힌 8인에게만 줬겠느냐'는 의혹이 부각되었다. 회사 자금에 손을 댄 성완종 씨에 대한 고발은 불신을 더욱 부추겼다.

권력의 시녀로 철저하게 전락한 현재의 검찰이 진상을 제대로 규명할 리 만무하다. 반드시 특검이 필요한 이유였다. 헌정질서를 유린하고 국기를 뒤흔든 참담한 이번 사태에 대하여 한 점 의혹도 남지 않도록 진상을 규명하고, 그 책임을 무겁게 물어야 했다. 이미 사태는 걷잡을 수 없는 상황으로 치닫고 있었다.

한편 '박근혜 불법대선자금이 아니냐'는 의혹도 제기되었다. 그러나 박근혜 대통령과 새누리당은 오직 '모르쇠'로 끝까지 버티었다. 선거가 끝나자 반격이 시작됐다. 수사 대상자 측근들은 알리바이를 주장하고 나섰다. "성완종 씨가 일방적으로 작성한 메모와 녹취록은 증거로 사용할 수 없다."며 검찰 수사에 브레이크를 걸었고, 검찰이 기소를 하더라도 유죄 판결 받기는 쉽지 않아 보였다. 길고 긴 싸움이 이어질 것이다. 이젠 아무 일도 없다는 듯이 현실 속에 묻힐 것이다. 국정원 댓글, 세월호에 이어 성완종 사건도 비슷하게 가고 있다. 진실 규명은 없고 언저리만 맴돌고 있다.

성완종 씨는 소위 자수성가한 인물이다. 초등학교 4학년을 중퇴한 뒤 110원을 들고 상경해 악착같이 기업을 일으켰다. 모든 일을 인간관계로 풀 수 있다고 믿었던 성완종 씨는 돈이 중요했고, 화려한 학력과 경력을 과시하던 자들에게 돈을 주어 버팀목을 만들었다. 검찰 조사를 세 번 받고 세 번의 재판에 넘겨졌다. 두 번 특별사면을 받았다. 그러다가 평생을 바친 기업의 경영권과 지분을 포기해야 하는 막다른 골목에 몰렸다. 2015년 4월 9일 북한산에 오르며 메모와 통화 녹취록을 남겼다. 그의 죽음 후 국민들은 권력자들의 치졸한 모습을 보았다.

대통령은 2015년 4월 출국 직전 김무성 새누리당 대표와 전격 회동했다. 대통령이 '성완종 리스트'에 대해 적극적인 진상 규명 의지를 밝힐 것이란 기대가 있었다. 그러나 대통령은 "다녀와서 이완구 총리 거취를 결정하겠다. 특검 도입이 진실 규명에 도움이 된다면 그것 또한 마다할 이유가 없다."는 원론에 머물렀다.

언론의 주요 관심사 세 가지

성남 중원 보궐선거에서 언론의 주요 관심사는 세 가지였다.

첫 번째는 새누리당 후보와 맞서 일대일 선거 구도를 형성하는 야권연대 단일후보 성사 여부이다. 새누리당, 새정치민주연합, 그리고 무소속 후보 간의 3자 대결 구도에서는 새누리당 후보의 당선이 확실하기 때문이다.

두 번째는 무상복지 등 주요 정책의 쟁점 여부이다.

세 번째는 2012년 총선처럼 약사 대 의사의 재대결 여부이다. 그것은 김미희로 후보단일화가 되는 경우이다.

4·29 보궐선거에서 성남 중원에서 재격돌하는 신상진 후보와 나의 대비되는 인생 역정에 관심을 가지는 언론이 있었다. 나는 대학 시절 반독재민주화운동을 하고, 졸업 전 성남야학 활동으로 성남과 인연을 맺었고, 졸업 후 성남에서 청년운동, 노동운동, 진보정당의 길을 일관되게 걸어왔다. 그리고 약대 졸업 후 아픈 사람을 돕기 위해 약사가 되었다. 몸이 아픈 사람에겐 약이 필요하지만 병든 사회, 병든 정치에는 진심으로 한 길을 가는 사람이 필요하다는 것을 알고 진보정당의 길을 걸어왔다. 청년대학에서 청년들과 진취적인 활동을 하고, 비정규직 노동자들의 고통을 함께하며 낮은 자세로 정치를 배웠다. 성남 푸른학교를 통해 저소득가정 아이들에게 꿈을 주었고, 실업자대책위를 만들어 실직자들에게 일자리를 만들어 주었다. 성남시립병원 건립 범시민운동을 승리로 이끌어 성남시립병원을 건립하고, 전국 최고의 공공병원으로 만들기 위해 국회의원이 되어서도 전국 지방의료원을 찾아다니면서 의정활동을 하였다.

나는 성남에서 진보정당 활동을 하며 두 차례에 걸쳐 시의원을 지냈고, 바닥부터 시작해 2012년 국회의원에 당선되었다. 그러나 신상진 후보는 시민운동을 하다가 한나라당에 들어가 편한 길을 걸었다. 서울대 의대를 졸업하고 개업한 이후 성남시의사회 명예회장과 대한의사협회 회장 등으로 활동했으며 화려한 경력을 자랑한다. 의사협회 회장을 그만둔 이후 한나라당 공천을 받아 출마한 재보궐선거에서 야권분열로 인해 어부지리로 국회의원이 되었고, 이후 한나라당 경기도지부 보건복지위원회 위원장, 부대변인 등을 거쳐 왔다.

신상진 후보는 지난 2005년 재보궐선거 때 성남 중원에서 당선된 뒤 18대 총선에서 재선에 성공, 탄탄대로를 달렸다. 19대 총선에서는 야권연대 단일후보인 나에게 패했다. 이번 4·29 보궐선거에서 수성에 성공할 경우 그야말로 '승승장구'하는 의원이라 할 수 있다.

신상진 후보는 "이번에는 절대 방심하지 않고 성남 중원을 발전시킬 정책과 비전으로 끝까지 최선을 다할 것"이라고 주장하지만 '대한민국 정체성' 공격 등 종북선거 심판론을 내세우며 또다시 색깔론 선거로 몰아갔다. 수구 보수층 지지자를 투표장에 나오게 하기 위해 전략적 판단을 한 것으로 보인다. 당선 여부를 떠나 안타까운 일이며 자신의 인생에 큰 오점을 남기는 일이 아닐 수 없다.

야권 승리의 비법은 야권연대인데 새정치민주연합은 종북공세가 두려워 회피하는 길을 가고 있다. 난관을 뚫는 의지와 기세, 야성을 잃었다.

야권연대와 종북세력 척결로 짜여진 선거 구도

2012년 총선에서 약사 출신인 나와 의사 출신 신상진 후보의 대

약사 김미희는 1993년 구 성남시청 근처에 다나약국을 개원해서 운영했다.

결은 의료계의 주목을 받는 선거였다. 공공의료를 확대하려는 정책을 추진한 나와 의료민영화 정책을 추진하려는 신상진 후보는 정책 차이가 컸다.

성남시의료원, 무상공공산후조리원 설치, 노동자 청년의 최저임금, 성남지하철 공약 등 정책의 차별성이 뚜렷해서 정책 토론으로 선거가 진행되면 좋겠다는 생각을 했다.

성남시립병원은 내가 신상진 후보와 입장을 달리하면서 10년 넘게 추진해온 보건의료 정책이다. 시민 개인의 능력과 재산, 지역의 차별 없이 언제 어디서나 국가와 지방자치단체 차원에서 누구에게나 건강권을 보장하는 시립병원을 만드는 일은 모두가 공감하는 사안이다. 이를 위해 성남시민의 힘과 지혜를 모으는 과정과 시스템 정비가 가장 중요한 일이라고 생각했다.

신상진 후보와의 성남시립병원 미래 운영에 대한 입장 차이는 크게 3가지였다. △성남시립병원이 성남시가 직영하면 암 수술도 못하는 수준 낮은 중소병원으로 전락한다고 생각하고 있는지 △성남시민 건강권과 의료공공성을 확대하기 위해 어떻게 해야 하는지 △성남시 의료원 설립 및 운영에 관한 조례에 있어 제11조(운영의 위탁) '대학병원에 위탁 운영한다'는 조항을 '대학병원에 위탁 운영할 수 있다'로 개정하여 성남시립병원 운영을 성남시민이 직접 판단할 수 있는 조례로 바꿀 수 있는지에 대한 입장이 달랐다.

무상복지 정책에 대해서는 신상진 후보는 TV조선 인터뷰에서 "무상논쟁에 휘말리지 않겠다."고 말해 무상복지 정책에 사실상 반대 입장을 보였고, 보편적 복지가 아닌 선택적 복지를 해야 한다는 애매모호한 태도로 일관했다. 성남시립병원 끝장토론 제안도 거부한 바 있어 무상급식, 무상교복, 무상공공산후조리원 등 무상복지 정책에 대한 공개토론을 회피하지 말고 응해야 한다고 재차 촉구했지만 묵묵부답이었다.

성남시의회가 새정치민주연합 소속 시의원들이 주도해 공공산후조리원 조례를 통과시켜 파장이 예상되었다. 이와 관련해 신상진 후보와 새누리당은 입장을 전혀 내놓지 않았다. 서울시장 선거에서 무상급식 정책이 선거 쟁점이 되면서 패배한 경험이 있는 새누리당의 경험을 되풀이하지 않으려는 의도로 읽혔다.

나는 2008년 총선 때부터 무상공공산후조리원 설치 정책을 추진해 왔다. 2010년 이재명 성남시장 인수위원장을 맡으면서 반드시 실현시켜야 할 무상복지 정책으로 무상공공산후조리원 설치를 채택하고 인수위원회 보고서에 명시하였다. 2012년 통합진보당 국회의원으로 당선되어 2013년 4월 10일 '모자보건법 일부개정법률안'을 대표발의하여 무상공공산후조리원 정책 실현을 위해 노력해 왔다.

지방자치단체 제도를 시행하고 재원을 어떻게 안정적으로 확보하느냐는 자치단체장의 의지에 달렸다. 성남시민의 동의와 시의회의 의결만 거치면 언제든지 문제없이 할 수 있는 시스템이다.

2018년까지 4년간 공공산후조리원 시설투자비를 포함해 모두 376억 원의 예산이 들 것이다. 한해 평균 약 94억 원으로 약 만여 명의 산모들이 복지 혜택을 받고, 복지에 대한 사회적 효과는 엄청날 것이다. 성남시의 위상도 상당히 올라갈 것이다. 시 전체 예산의 0.4%에 불과하다. 성남시의 경우 시장이 사업 우선순위를 조정할 수 있는 연간 가용재원이 2천5백억~3천억 원 가량으로 상대적으로 다른 지역에 비해 재원조달 여력이 있다. 성남시의회에서 새정치민주연합 시의원들의 주도 속에 공공산후조리원 조례가 통과되었는데도 무상공공산후조리원 설치에 대한 정환석 후보의 적극적 행보는 보이지 않았다.

시의회에서 지원조례가 통과되자 그동안 거듭 입장 표명을 촉구하고 공개토론을 제안했으나 묵묵부답이던 새누리당 신상진 후보와 새정치민주연합 정환석 후보도 언론인터뷰를 통해 입장을 밝혔다. 무상복지 정책 전반에 대하여 당 차원에서 '포퓰리즘'이라고 매도하던 새누리당 신상진 후보는 '공공산후조리원'에 대해서도 "잘못된 일"이라고 명확하게 입장을 재확인했다. "간과해서는 안 된다."며

공공의료 전문가 김미희 후보는 2008년 총선 때부터 무상공공산후조리원
설치 정책을 공약으로 내세웠다. 지하철 8호선 단대오거리역 앞에서 선거
운동을 하고 있는 김미희 후보.

반대 입장을 분명히 밝힌 것이다. 같은 정당 단체장이 추진하는데도
묵묵부답이던 새정치민주연합 정환석 후보는 "긍정적으로 평가"한
다면서도 생뚱맞게 '임차형 산후조리원'을 덧붙이고 나섰다. 뜬금없
는 추가 제안은 정환석 후보가 과연 이 무상복지정책에 대하여 제대
로 이해하고 있는지 의구심이 들었다.

정책적 차별성은 유권자가 후보를 선택하는 데 중요한 기준이 되
기도 한다. 게다가 4·29 재보궐선거가 한 달 정도밖에 남지 않은데
다 성남 중원이 4곳 선거구 중 하나여서 정치적 폭발력도 커 보였다.
여당에서는 야권이 선거를 앞두고 또다시 무상시리즈를 들고 나왔다
고 비난했다. 게다가 이재명 성남시장은 중학생까지 모두 무상교복
을 지원하는 조례안도 제정하겠다고 밝힌 바 있어 무상복지 시리즈

타당성 논란도 거세지고 있었다. (지금은 무상공공산후조리원, 무상교복 조례안과 예산이 시의회를 통과해 지자체에서 실시할 수 있는 제반 여건이 다 마련된 셈이다.)

언론은 이러한 정책적 행보를 야권연대와 결부시켜 보도해 왔고 예비후보 기간에는 새정치민주연합과 야권연대 분위기가 높아지고 있다고 생각했다. 나는 출마선언 당시부터 야권연대를 주장해 왔다.

신상진 후보는 야권연대 차단을 가장 중요한 선거 당락 요인으로 보고 대비했다. 새누리당 지도부가 중원구를 지원하러 올 때마다 종북세력 척결과 종북연대론을 주장하면서 선거 프레임은 야권연대와 종북세력 척결 두 가지로 짜여져 버렸다.

김미희·이재명이 함께 만든 성남시립병원, 최고 공공병원으로

보궐선거에서 당선되면 공공병원과 무상복지 정책이 중앙 차원에서 잘 지원될 수 있게 의정활동을 하며 남은 임기 1년을 보내고 싶었다. 성남시립병원 하면 5년 전 단식투쟁하던 시기가 생각난다. 칼바람이 불던 2010년 12월 15일 성남시청 앞에 천막 농성장을 차렸다. 성남시의회 다수당이었던 한나라당(새누리당 전신)이 성남시립병원 예산을 삭감하려고 하자, 시립병원설립운동본부 하동근 대표님과 내가 단식을 시작했다. 나는 단식 6일 만에 어지럼증이 심하여 병원으로 실려갔다. 다행스럽게도 시립병원 예산이 의결되었다.

성남시립병원 설립운동을 시작한 때는 2003년이었다. 당시 본 시가지에 있던 종합병원 두 곳, 인하병원과 성남병원이 폐업하자 주민들이 강하게 반발하면서 직접 조례 제정안을 발의하는 등 공공병원 설립 운동에 나섰다.

약사 출신인 나는 2003년 시민건강권확보와 인하병원·성남병원 폐업 범시민대책위원회 공동대표를 맡았고, 2004년에는 성남시립병원설립 추진위원회 고문으로 활동했다. 당시 추진위 공동대표가 바로 이재명 현 성남시장이다. 성남시립병원 건립을 위해 2007년, 2010년 두 차례에 걸쳐 단식투쟁을 벌이기도 했다. 결국 나와 이재명 시장을 비롯한 성남시민의 10년에 걸친 노력으로 2013년 11월 14일 성남시립병원은 첫 삽을 떴다. 이와 달리 저 멀리 경상남도에서는 홍준표 경남지사에 의해 진주의료원 폐업 사태가 벌어졌다.

나는 국회의원에 다시 당선되면 그동안 주민들에게 약속했고 추진해온 일을 잘 마무리하고 싶었다. 그 첫 번째 공약이 바로 성남시립병원을 전국 최고의 공공병원으로 만드는 것이었다. 의원직을 강제로 상실당한 나에게 성남시립병원 문제는 못 다한 숙제였다. 나는 성남시립병원에 실제 시설과 장비, 우수 의료 인력들이 제대로 배치되도록 적극 지원하려 했다.

'공공의료 및 보건복지 전문가'로서 국회 보건복지위원회 소속으로 활동했던 나는 지난 2013년 5월 성남시립병원과 같은 지방의료원의 '착한 적자'에 대해 국가가 운영비를 지원할 수 있는 법안을 대표 발의했다. 이러한 내용의 '지방의료원의 설립 및 운영에 관한 법률' 일부 개정안은 내가 헌법재판소의 통합진보당 강제 해산 및 의원직 박탈 결정으로 국회의원직을 상실한 뒤인 2014년 12월 29일 보건복지위 대안에 포함되어 국회 본회의를 통과했다.

2013년 2월 홍준표 경남지사에 의해 진주의료원 폐업 사태가 벌어지자. 김미희 전
의원은 이 문제를 가장 먼저 국회에서 이슈화하고 강제 폐업을 막기 위해 싸웠다.

지난 2013년 2월 경남도가 진주의료원 폐업 방침을 발표하자마
자 이 문제를 가장 처음 국회에서 이슈화시키고 강제 폐업을 막기 위
해 싸웠다. 여기에는 성남시립병원 건립 운동 등 지방의료원에 꾸준
한 관심을 가져왔던 배경이 존재한다. 의정 활동 과정에서 나는 전
국의 지방의료원을 순회 방문하면서 실태를 파악하기도 했다. 현장
에서 답을 찾기 위해서였다.

성남시 공공산후조리원 발목 잡는 정부, 아이 낳지 말란 얘기

나의 대표 공약에는 '공공산후조리원 건립 지원'이 있다. 공공산
후조리원 건립은 통합진보당의 전신인 민주노동당 때부터 내세웠던

주요 정책 공약 중 하나였다. 특히 이 사업은 2010년 지방선거 당시 성남시장 후보로 출마한 김미희 후보가 이재명 현 시장과 단일화를 하는 과정에서 공동정책으로 채택됐다. 이 시장의 공약 이행 노력으로 성남시에서는 저소득층에게는 무상, 기타 계층은 부분 지원하는 내용의 조례가 지난 3월 시의회를 통과했다.

내가 국회의원이었던 지난 2013년 4월 국가나 지방자치단체가 공공산후조리원을 건립하고 지원할 수 있는 내용의 모자보건법 개정안을 대표 발의했다. 이 개정안 내용이 담긴 보건복지위 대안이 2015년 12월 3일 국회를 통과했다.

하지만 성남시의 공공산후조리원 건립 사업에 대해 정부는 다른 지자체와의 형평성을 이유로 제동을 걸고 있는 상황이다. 사회보장기본법 제26조에 따라 보건복지부 장관과 협의해야 한다는 것이 정부 측 입장이다.

정부는 저출산 문제가 심각하다면서 아이를 낳으라고 한다. 그런데 공공산후조리원을 하지 말라고 발목 잡는 것은 아이 낳지 말라는 얘기이다. 지자체에 도움을 주진 못할망정 엉뚱한 법을 근거로 자꾸 발목을 잡으려 한다.

19대 국회의원이었던 '공공의료 전문가' 김미희가 적임자

성남 중원 지역은 새누리당 신상진 후보와 새정치민주연합 정환석 후보, 무소속의 나를 포함해 3파전으로 선거가 진행됐다. 야권에서 두 명이 출마한 현 구도가 여당 측 후보에게 유리한 것은 사실이다. 나는 출마 전부터 '야권연대'의 필요성을 강조해 왔다. 하지만 새정치민주연합 측은 선을 긋고 있는 상황이다.

박근혜 새누리당 정권을 심판해야겠다는 국민적 요구가 높아지고 있다. 아무래도 야당 지지자를 만나면 야권연대를 해라, 후보단일화를 해라, 이런 요구가 많다. 그런데 새정치민주연합에서 결단을 내리지 못하고 오히려 여론 눈치만 계속 보면서 시간만 낭비했다.

대의명분을 놓고 볼 때 김미희로 단일화되는 것이 옳다고 여겼다. 19대 국회의원 임기를 정상적으로 수행하다가 주민의 뜻이 아닌 헌법재판소의 부당한 결정에 의해 의원직을 상실한 당사자이기 때문이며, 대통령이 헌재를 시켜 국민들의 주권까지 유린한 잘못을 바로잡을 사람이 나이기 때문이다. 만약 내가 당선된다면 그것은 박근혜 정권의 정신을 번쩍 들게 하는 역사적 사건이 될 것이다.

나의 메인 슬로건 외친 문재인 대표

3자 구도로 선거 구도가 형성되면서 소속 정당 후보의 선거 지원을 위해 집권당과 야당의 당대표와 최고위원들이 대거 출동했고, 동네 곳곳을 다녔다. 4·29 중원 국회의원 보궐선거는 신상진, 정환석, 김미희 후보 3명의 선거가 아니라 김무성, 문재인, 김미희 후보 3명의 선거로 착각할 정도였다.

특히 김무성 새누리당 대표의 지원은 상상하기 어려울 정도로 컸다. 야권 성향이 강한 지역에서 새누리당 후보를 당선시켜 본인이 대권후보로 도약하려는 의지는 남달랐다. 그리고 나에 대한 종북공세

19대 국회에서 공공의료 전문가로 활동했던 김미희 후보가
4·29 보궐선거에서 정책공약을 발표하고 있다.

는 무차별적이었다. 야권연대 차단 전략임이 분명했다.

　새정치민주연합이 3월 27일 문재인 당대표가 참석한 가운데 성
남 중원에서 현장 최고위원회의를 개최하였다. 정환석 후보를 지원
하고 노동자와 서민이 살맛나는 새로운 중원구를 만들겠다고 약속
했다. 중원구를 방문한 문재인 대표가 우리 노동자들과 서민들이 진
정으로 원하는 것이 무엇인지 똑바로 직시할 수 있기를 바랐다. 벼랑
끝에 내몰린 우리 국민들이 간절하게 바라는 것은 민주주의와 민생
의 회복이다. 박근혜 새누리당 정권의 폭정에 항거하는 모든 이들의
힘을 하나로 모아 종북공세, 공안탄압을 당당하게 극복하고 단호한
심판을 내릴 것을 엄숙하게 명하고 있었다.

　그러나 새정치민주연합은 집권여당이 공안정국을 위해 설정해 놓

은 종북프레임을 극복하고 벗어날 생각은 하지도 못했다. 어정쩡한 여당 따라잡기로는 결코 국민의 여망에 부응할 수 없다. 새정치민주연합과 문재인 대표는 정환석 후보에 대한 지원 이전에 이번 보궐선거가 치러지게 된 원인인 진보당 해산과 의원직 박탈에 대한 분명한 입장부터 다시 확인해야 했다. 민주주의 후퇴를 막기 위한 결단이 무엇인지를 진심으로 판단하길 원했다. 국회의원 한 석 더 얻기 위한 싸움이 아니었다.

새정치민주연합 문재인 대표는 자당 후보 지원을 위해 자주 방문했다. 문 대표는 이재명 성남시장이 추진하는 성남시의료원 건립 현장과 노동자 밀집지역에 주로 갔다. 그 현장들은 나의 땀과 진보정당 당원들의 노고가 담긴 곳이었다. 그중 한곳이 성남시립병원 공사 현장이다. 성남시립병원은 진보정당 당원들과 노조원들이 성남시민들과 함께 일궈낸 소중한 정책 성과물이다.

문재인 대표는 "성남시립병원을 전국 최고의 공공병원으로 만들겠습니다."라고 이야기하고 갔다. 나의 메인 슬로건을 외치고 간 것이다. 웃어야 할지, 울어야 할지.

후보 경쟁력이 중요하다

4월 3~5일 CBS 〈노컷뉴스〉 여론조사에서 무소속 후보인 나에 대한 30대 지지율이 20%대를 넘어섰다. 21.3%가 나온 것이다. 이 여론조사 결과는 굉장히 중요한 의미가 있다고 생각했다. 정당해산과 동시에 국회의원직이 박탈되고 20대, 30대, 40대의 여론이 모두

좋지 않았다. 그러나 민주주의를 지키고 헌재의 국회의원직 박탈이 부당하다는 공감이 젊은 층으로부터 확산되었다. 유권자를 만나도 백 일 전과는 전혀 다른 감촉이 왔다. 후보는 유권자와 악수를 통해 호감도를 느낄 수 있다. 조금씩 지지층이 늘어감을 느낄 수 있었다. 자신감이 생겼다. 자원봉사자들도 같은 이야기를 했다.

국회의원 선거와 시장 선거에 무소속 후보로 출마하는 것이 처음이다. 정당 지지가 뚜렷한 성남에서 무소속 후보로 출마해서 선거를 치르기는 어렵다. 그럼에도 지난 20년간 지역 정치활동을 시민들 속에서 해왔기에 무소속 후보의 돌풍을 일으키고 싶었다.

4·29 재보궐선거에서 신상진, 정환석 후보의 후보 경쟁력은 어느 정도일지 생각해 봤다. 선거 출마 후보의 득표율은 정당 지지도와 더불어 후보 경쟁력이 플러스되어 나타난다. 몇 년간의 여론조사 결과와 선거결과를 분석해 보면 성남 중원 선거의 판세와 선거 승리를 위한 후보들의 득표 '매직넘버'도 어느 정도 예측 가능하다.

새누리당 신상진 후보는 재선의원 출신이다. 두 번 모두 야권의 분열로 어부지리 당선의 행운을 얻었다. 물론 시민운동의 경력이 조금 도움이 되었을 것이다. 야권의 분열로 당선되었을 때 득표는 36%였고, 2012년 야권연대 단일후보와 대결에서는 46% 지지율을 기록했다. 경쟁력이 떨어지는 야권의 무소속 후보들이 5%대의 지지율을 기록한 속에서 46%를 얻은 것은 최대치를 의미하는 것이라고 볼 수도 있다. 50%대를 넘는 지지율을 얻는다면 이는 야권 지지자들이 실망하여 투표하지 않고 새누리당 지지자들만 똘똘 뭉쳐 투표장으로 가는 경우일 것이다.

새정치민주연합 정환석 후보는 21%~35% 지지율을 예상하였다. 유권자의 투표율은 여전히 변수이다. 에스쾌어 영에이지 노조위원장과 경기도의원 출신으로 지역 정치활동을 하는 동안 성과가 뚜렷하게 부각되지 않았다. 2004년 총선 때 불었던 탄핵 반대의 태풍 같은 바람이 불어야 당선 가능할 것으로 보였다.

새정치민주연합은 새누리당 후보와 오차범위 접전이라는 여론을 확산시키려고 노력하였지만 중과부적이었다. 새정치민주연합 경기도당 관계자는 "통합진보당 세력의 득표력은 5%에 그칠 것이고, 그들의 선거 완주는 우리 지지층의 결집을 불러올 것이다. 승산은 충분하다."고 언론 인터뷰를 하였다. 내가 선거에 완주하면 새정치민주연합 후보에게 야권 지지자의 표가 쏠린다고 생각하는 전략에 나는 할 말을 잃었다.

김미희는 후보 경쟁력이 강점이다. 중원구 지지율은 2010년 지방선거 성남시장 후보 여론조사를 기초로 하면 16%대였다. 당시 수정구에서 나의 지지율은 24%~36.6%였다. 원래 지역구가 수정구였던 나는 2012년 전국적 야권연대 후보로 중원구에서 출마했고, 13일의 선거운동으로 당선되는 기적을 만들었다. 여론조사에서는 열세였는데 막상 뚜껑을 열어보니 선거 결과는 0.7% 차의 신승이었다.

이번에는 통합진보당 해산 과정과 내란조작 사건 등의 정치탄압으로 이미 정치생명이 끝났다고 말하는 사람도 있었다. 물론 야권분열 선거 구도로는 당선이 불가능하다. 문제는 야권연대 여부였다. 결론은 가능하지 않다는 것이다. 야권연대가 가능한 유일한 방도는 문재인 대표가 정권심판을 위해 결단하는 것이다. 정봉주 전 국회의원이 이재화 변호사의 북콘서트에서 말했듯이 새정치민주연합은 4·29 재보궐선거 지역에 후보를 내지 말아야 했다.

"헌법재판소가 의원직 상실을 결정했는데 이는 국회의 입법권을 침해한 것이다. 그런데도 왜 가만히 있느냐? (이번 판결로) 남은 295명 국회의원의 목숨도 이제 헌재에 달렸다. 그런데 그런 권한 이 헌재에 있는가?"
"(야당은) 해산이 잘못됐다고 하면서도 보궐선거가 시작되니 출마 하느라 난리가 났다. 헌재를 비판했으면 당사자(의원직 박탈된 지 역구 의원 3명) 외엔 출마하지 말았어야 했다."

새정치민주연합은 새로운 정치를 실현하는 데 원칙과 명분이 없 는 정치를 했다. 정권심판 정권교체를 위해 통 큰 정치를 선택해야 했다. 김대중, 노무현 전 대통령이 살아있다면 그런 전략적 판단을 했을 것이다.

야권연대 저지를 겨냥한 종북공세

새누리당 선거전략은 선거기간 내내 일관되게 종북공세를 통한 야권분열 전략을 썼다. 오히려 새정치민주연합만 그 전략의 의미를 몰랐다. 종북세력과 연대하면 지지율이 오히려 떨어진다는 정치공학 적 판단을 했다. 이기기 위한 승부사적 전략이 없다. 야당이 아니라 집권세력처럼 행보했다.

선거 한 달을 남기고 나는 새누리당 신상진 후보에게 '대한민국

새누리당은 4·29 보궐선거 기간 내내 종북공세를 통한 야권분열 전략을
펼쳤다. 사진은 김미희 후보 거리 유세에서 발랄한 율동을 선보인 통합진
보당 학생유세단.

정체성' 관련 공개토론을 제안했다. 새누리당 핵심당원 연수에서 신
상진 후보는 "대한민국 정체성의 위기를 가져온 큰 명석을 깔았다."
며 지난 2012년 야권연대를 원색적으로 비난하고 공격했다. 노동운
동, 민주화운동에 참여했노라고 자부한다는 신상진 후보 본인의 입
에서조차 직접 색깔론이 등장한 것이다. 어쩌면 당연한지도 모른다.
2012년 총선에서도 오차범위로 지지율이 좁혀지자 야권 단일후보
를 종북세력 빨갱이라고 공격한 적이 있었다. 야권 단일후보에 대하
여 "대한민국의 체제를 부정하는 세력"이라고 음해 공격하다가 중원
구민들의 냉엄한 심판을 받았다.

　신상진 후보가 그토록 원하고 있으니, 이제 성남시민 앞에서 당당
하게 정식으로 토론할 것을 공식적으로 제안했다. 도대체 누가 대한

민국의 체제를 부정하고 정체성의 위기를 가져온 세력인지 분명하게 시시비비를 가려보자고 공개토론을 요구했다. 입만 열면 '색깔공세'를 취하니 새누리당이나 신상진 후보가 이 토론을 마다할 이유는 전혀 없다고 생각했다. 최대한 빠른 시일 안에 토론회가 이루어지기를 바라며, 시기와 장소, 방식과 관련해서는 신상진 후보에게 일임하겠다고 제안했다. 답변을 촉구했지만 묵묵부답이었다.

제1야당의 지원이 절실했다. 야권의 단결 무너지고 야권 지지층이 냉소적으로 바뀌는 상황이 올 수도 있었다. 김무성 당대표도 신상진 후보의 개소식에 참석해 "야당이 종북세력과 손을 잡는지 잘 지켜봐야 한다."며 철 지난 색깔론에 불을 지피기 위해 안간힘을 썼다. 신상진 후보는 한술 더 떠 3년 전 국민들의 지엄한 명령이었던 야권연대를 '야합'이라고 매도하며 "성남시민들은 눈속임에 속았으니 야당은 사과해야 한다."고 목소리를 높였다.

기가 찰 노릇이지만 이를 이겨낼 방도는 제1야당이 야권연대에 대한 입장을 적극적으로 내는 것이었다. 이번 보궐선거는 새누리당의 무차별적인 종북공세로 인해 잃어버렸던 민주주의와 정치, 민생을 모두 되찾는 선거로 끌고 가야 했다. 야권연대를 위해 현실 가능한 방안을 찾는 것만이 새누리당을 이길 수 있는 길이었다.

새누리당의 종북타령 메들리

새누리당이 보궐선거 4개 지역 중 첫 현장 최고위원회를 성남 중원에서 열었다. 예상했던 대로 민생을 챙기겠다는 것은 새빨간 거짓

말이었고, 노철래 정책위 부의장과 김문수 전 경기도지사가 앞장서서 낡은 색깔공세 종북타령을 늘어놓았다. 김문수 전 지사는 "성남 중원이 종북세력의 중심지가 되었다."고 주장했다. 성남 중원구민들이 모두 종북세력이라는 주장이다.

그동안 민주주의를 위해 헌신해온 우리 성남시민들에 대한 심각한 명예훼손이었다. 박정희 독재정권과 전혀 다를 바 없는 파렴치한 색깔공세로 성남시민의 가슴에 씻을 수 없는 모욕을 안긴 새누리당을 심판하는 길은 야권연대였다. 그런데 새누리당의 종북타령 앞에서 제1야당이 위축되니 참으로 안타까웠다.

'제 버릇 개 못 준다'는 옛말이 있다. 새누리당의 정치공작은 어제오늘의 일이 아니다. 낙후된 성남이 발전하기 위해서는 신상진 후보를 3선 의원으로 만들어야 한다는 김무성 대표의 발언은 한마디로 뻔뻔하기 이를 데 없다. 누구보다 가장 큰 책임을 져야 할 당사자야말로 바로 재선까지 지낸 신상진 의원이다. 재선까지는 잘 못했지만 3선이 되면 잘하겠다는 말과 과연 무엇이 다른가! 그간 민생을 도외시한 의정활동에 대해 진심으로 사죄하는 것이 마땅하다. 3선 도전은커녕 거꾸로 스스로 부적격자임을 실토하는 것에 다름 아니다.

조금도 통하지 않을 철 지난 색깔공세, 정치공작이지만 야권의 분열로 종북타령은 효과를 내기 시작했다. 집권여당으로서 최소한의 책임감이라도 느끼고 있다면, 새누리당은 철 지난 색깔공세가 아니라 피눈물을 흘리며 절규하고 있는 민생파탄의 현장을 똑바로 바라봐야 했다.

청년실업률이 11.1%로 IMF 사태 이후 최고치에 달했다. 공식적인 통계가 이러하니 체감 실업률은 이루 말하기조차 어렵다. 그런데도 국정을 담당하는 대통령은 중동진출을 하라는 한가한 소리만 늘어놓았다. 주무부처인 고용노동부 장관은 눈높이를 낮추라는 질책만 되풀이했다. 기가 막힐 노릇이다.

민생파탄의 현장이 어디 우리 청년뿐이겠는가! 비정규직 문제를 해결하라 했더니 거꾸로 정규직을 해체하겠다고 하고, 식량주권을 지키라는 농민들의 요구에 쌀마저 개방하겠다고 오히려 큰소리다. 이 모든 책임은 박근혜 대통령과 집권여당인 새누리당에 있다.

국민들 앞에서 엄숙하게 맹세한 '경제민주화'는 당선되자마자 폐기되어 자취를 찾을 길 없고, 기초노령연금, 무상보육 등 복지공약들은 줄줄이 거짓말이었음이 드러났다. 어디 대통령뿐인가! 통탄할 일이다.

지역언론인 간담회, "중간 사퇴는 없습니다"

성남언론인협회(회장 변준성)가 선거에 임하는 후보자의 각오를 듣는 간담회 자리를 마련했다. 언론의 주 관심사는 내가 야권연대를 위해 중간사퇴를 하느냐에 모아졌다. 무소속 후보인 나를 경쟁력 있는 후보로 보지 않는 의도로도 읽혔다.

중간 사퇴는 없다는 분명한 입장을 밝히는 게 중요했다. 전국에서 전 통합진보당 후보의 선전을 기대하는 분들에게 단호한 의지를 밝혀야 했다.

수도권 선거에서 새누리당을 이기는 필승전략은 야권연대이다. 4·29 보궐선거에서
김미희 후보는 "야권연대가 없다면 저의 중간 사퇴도 없습니다."라고 밝혔다.

"이번 보궐선거에서는 박근혜 정권에게 희생당한 의원들을 다시
복귀시켜야 빼앗긴 주민권리와 민주주의도 살릴 수 있습니다. 야
권연대가 없다면 저의 중간 사퇴도 없습니다."

야권연대 또는 후보단일화 가능성에 대해 '꼭 필요하다'는 생각이
었다. 새정치민주연합 후보는 처음에 지역 차원의 야권연대 입장을
언론에 흘리다가 야권연대 불가라는 중앙당 입장으로 돌아섰다. 야
권이 단합을 해야 확실하게 보수세력을 이길 수 있다는 것은 온 국민
이 다 아는 사실이다. 2016년 총선, 2017년 대선에서도 야권이 이
기기 위한 필수 조건이다.

나는 지역언론인 간담회에서 성과를 거둔 몇 가지 사업에 관해 이

야기했다. 제19대 국회의원으로서 지난 2년 7개월간의 의정 활동 중 가장 역점을 둔 것은 '지방의료원 살리기'였다. 국회에서 보건복지위원회 소속으로 전국에 있는 지방의료원을 순회하면서 의료원 특성, 현장의 문제점을 청취하였다. 진주의료원 사태 등에서 보듯 지방의료원 운영의 가장 중요한 사항은 '지방자치단체의 적극성'이다. 전국 어느 지방의료원이나 최선을 다하고 있었지만, 저소득층·사회 소외계층 등을 상대하기 때문에 '착한 적자'가 날 수밖에 없는 상황이기에 지방자치단체 또는 국가의 적정한 지원은 꼭 필요하다. 2013년 말 내가 대표 발의하고, 2014년 말 본회의를 통과한 지방의료원법 개정을 통해 국가가 지방의료원 운영비를 지원할 수 있도록 추진한 것은 큰 성과였다.

이밖에 지역 1단계 재개발사업으로 피해를 본 세입자에게 주거 이전비를 받도록 알려주었고, 재판에 참여한 111세대와 참여하지 않은 450세대에 도움을 줬다. 그리고 은행2동 주거환경개선사업 과정에서 가옥 파손, 소음·먼지 피해를 본 주민들이 보상을 받을 수 있게 지원했다.

성남시의료원을 위탁이 아닌 직영방식으로 바꿔 가장 모범적이고 경제적인 의료원, 시민을 위한 의료원으로 만들겠다는 희망은 10년 전이나 지금이나 한결같다.

정책 쟁점–성남시립병원, 최저임금, 지하철 유치

성남시립병원 쟁점은 운영방식

성남시립병원 쟁점은 운영방식이었다. 김미희, 신상진, 정환석 후보의 성남시립병원 운영방안은 3인 3색이었다. 나는 시민이 운영주체인 직영운영, 신상진 후보는 대학병원 위탁 운영 도입, 정환석 후보는 운영은 직영, 의료진은 대학병원과 협진을 주장하였다.

공공의료성남시민행동이 2015년 4월 8일 중원구 국회의원 후보자들에게 시립병원운영방식과 "의료원 운영을 대학병원에 위탁하여야 한다."고 명시한 현행 '성남시 의료원 설립 및 운영에 관한 조례' 제11조에 대한 후보자 입장을 정책 질의한 결과를 발표했다.

공공의료성남시민행동은 보도자료를 통해 이번 정책질의 배경이 "지역민의 오랜 숙원이자 2천억이 넘는 시민 세금이 투입된 시립의료원의 운영에 대한 합리적인 공론의 장을 복원하기 위함"으로 밝혔다. 또한 "시립의료원을 무조건 대학병원에 위탁 운영토록 하는 현행 조례가 주민선택권을 제한하고 성남시 실정에 맞는 공공의료기관 운영에 과도한 제약이 되는 것이 아닌가 하는 의견이 적지 않았기 때문"이라고 배경을 설명했다. 공공의료 성남시민행동의 정책 질의에 대한 세 후보자의 입장은 다음과 같았다.

> "무소속 김미희 후보는 현행 조례의 '의료원 운영을 대학병원에 위탁·운영하여야 한다.'를 '운영의 전부 또는 일부를 대학병원 등에 위탁할 수 있다.'고 조례개정안을 제시하면서, 성남시립병원은 성남시민들이 중심이 되어 건립한 주민참여 공공병원이 되어야 하고, 시민들의 권리와 의견이 반영되어 운영도 결정할 수 있도록 해야 한다."고 그 이유를 설명했다.
> "새정치민주연합 정환석 후보는 성남시립의료원의 공공성을 강화하기 위해서는 현행 대학병원 위탁만을 명시하고 있는 조례는 개정되어야 한다고 입장을 정리하였고, 대학병원이 의료원을 위탁 운영할 경우 경영성과에 집착해 공공성이 약화되고 진료비가 상승할 우려가 있기 때문이라고 그 이유를 설명하였다. 의료원의 운영방식과 관련하여 진료와 경영은 의료원이 책임을 지고, 의료진은 상시 인력으로 파견해 항상 우수 의료진을 확충하는 협진체계 도입을 주장했다."
> "새누리당 신상진 후보는 공식적인 입장을 공문으로 회신하지 않았고, 유선을 통해 선거사무소 사무국장에게 최종 확인한 결과, 기존의 후보자 입장인 시립의료원을 대학병원에 위탁 운영하는 방안을 제시하였다고 밝혔다."

메르스 사태로 인해 성남시립병원 건립이 더욱 절실해졌다. 역병인 메르스 사태는 우리에게 두 가지의 교훈을 주었다. 첫째, 돈보다 생명을 소중히 여기는 공공의료가 얼마나 부족한지 현실에서 깨달았다. 둘째, 성남시민이 직접 추진해온 공공병원 설립이 옳은 길이라는 것을 알게 해주었고 민주주의의 소중함을 일깨워 주었다.

박근혜 정부가 초동 대처를 잘못해 메르스 감염이 확산되었다. 초기에 메르스 관련 모든 정보를 공개만 했더라도 사태가 참혹하게 확산되지는 않았을 것이다. 왜 초기에 쉬쉬 덮으려고 했는지 수수께끼인데 병원 이름을 공개하기만 했어도 확산을 크게 줄일 수 있었을 것이다. 만약 1차 감염 환자가 직접 메르스 감염 검사를 요구했을 때 바로 검사가 이루어졌더라면, 또는 소위 B 병원에 입원하였을 때 같은 병동의 환자들을 격리했더라면, 그리고 B 병원에서 다른 병원으로 보내지만 않았더라면 메르스가 그처럼 확산되지는 않았을 것이다. 정부 초동 대응의 문제는 감염 환자를 여기저기 흩어놓아 제2의 감염원이 되었고 3차 감염자들을 만들어낸 것이다.

2003년 사스(SARS) 때 한국은 한 명의 환자도 발생하지 않게 방어했다. 차이는 무엇일까를 생각해 봤다. 국가적 위기 상황이 발생했을 때 모든 것을 투명하게 공개하고 민주적으로 일을 처리하느냐 않느냐의 차이였다. 메르스 사태가 확대된 것은 평소 소통이 부족하고 권위주의적인 박근혜 정부에 상당한 책임이 있다.

메르스 사태를 통해 시민주치의제 도입이 절실해졌다는 교훈을 얻었다. 시민주치의제도는 가정마다 주치의를 지정해 일반적인 질병의 치료, 질병 예방, 상담, 교육, 건강증진서비스 등 포괄적인 의료

2015년 4·29 보궐선거 당시 성남 중원의 쟁점은 성남시립병원 운영방식과 최저임금 금액이었다.

서비스를 제공하는 제도이다. 주치의 제도는 1차의료 강화의 핵심적 영역으로서 영국 프랑스 독일 캐나다 네델란드 등 많은 국가의 관심 대상이 되고 있다. 영국은 오랜 주치의 제도 전통을 지닌 국가로 국가보건의료서비스(NHS) 체계로 주치의 역할을 담당하는 1차의료인력에 대한 자격규정, '문지기' 시스템도 매우 엄격하게 적용하고 있다. 진료비 지불방식으로 인두제를 채택하고 있었으나 최근에는 1차 의료서비스의 질적 수준 향상이라는 정책적 목적에 부합하도록 인두제적 요소를 기본으로 하되 질 향상에 대한 성과급 부여 방식으로 변화하고 있다.

우리나라에서는 이미 1996년 주치의제도 시범사업 시행 계획이 발표된 바 있으나 여전히 시행되지 못하고 있다. 2007년 대선 때 당시 한나라당을 제외한 주요 정당의 대선 후보들이 주치의제도를 대선공약으로 내세우기도 했다. 이제 1차 의료 강화의 정책수단으로 국가가 주치의제도를 시행하지 않는다면 지역에서부터 이를 도입하는 것이 필요해졌다.

신종플루 때 영국의 대응 경험을 보면, 영국에서는 감염병이 발생할 경우 지역 거점 공공병원이 중심 역할을 했다. 감염병이 확산되면 그 지역 거점병원은 입원환자들을 주변 병원으로 보내고 감염병동을 운영한다. 이 지역 거점 공공병원은 감염격리병동까지 갖추고 있다. 성남시립병원이 완공되면 인구 5만 명당 1개소씩 도시보건지소를 설치하여 주치의제도를 활용해야 한다.

"돈보다 생명을!" 지역운동의 새 역사를 만들다

2003년 6월, 50만 명의 성남시민이 살고 있는 본시가지(수정, 중원구)에 있던 두 개의 종합병원 중 인하병원은 폐업하고, 성남병원은 아주 작은 규모로 축소 이전하면서 의료 공백 사태가 발생했다. 백 명이 넘는 인하병원 노동자들은 '폐업반대' 조끼를 입고 성남 곳곳을 다니며 폐업반대투쟁을 벌였다.

민주노동당과 시민단체들은 폐업반대에 함께 연대하여 시민건강권 확보를 위한 인하 성남병원폐업반대 범시민대책위원회를 만들었다. 종합병원이 없어지는 문제, 노동자들이 일자리를 잃는 문제와 함께 한순간 목숨을 잃을 수도 있는 응급상황에 대한 걱정으로 모두의 마음이 하나로 뭉쳤다.

폐업반대, 의료 공백 해소를 요구하는 청원 서명에 성남시민 12만 명이 참여했고, 7월 29일 이대엽 시장에게 서명지를 전달하였다. 성남 지역운동에서 이렇게 많은 서명은 처음이었다. 성남 지역운동의 새로운 역사가 쓰이는 것 같아 가슴이 뛰었다.

남한산성 비둘기광장에서 만여 명의 성남시민이 모여 시민건강권 확보를 위한 걷기대회를 하였다. 이들은 모두 '돈보다 생명'이라는 흰색 티를 입고 문화제를 한 후 시청(태평2동 소재)까지 걷기대회를 하고, 다시 시청 앞마당에서 마무리 문화제를 하였다. 시민 스스로 만들어가는 성남시립병원의 성공을 알리는 신호탄으로 보였다. 환히 웃는 얼굴의 시민과 시민단체 활동가 모두 잘할 수 있다는 자신감이 더해졌다. 성남 지역운동에서 만 명에 가까운 성남시민이 단일한 정책 의제를 가지고 힘과 지혜를 모은 적이 있었던가?

성남시립병원설립추진위는 시민건강권 확보와 의료 공백 사태 해결을 촉구하는 의미에서 인하병원이 진료를 개시할 때까지 '돈보다 사랑을'이라는 깃발을 제작해 차량과 집에 게양하는 깃발달기운동을 전개하였다. 보름 만에 각 가정과 차량에 5천 개의 깃발을 다는 역사적인 장면을 연출하며 범시민적인 운동으로 확대해 나갔다. 이 모범적인 대중운동은 성남 지역운동의 역사로만 남는 게 아니라 전국적인 시민운동의 모범사례로 기억될 것이 분명했다.

쉽지 않은 양보, 주민발의조례 청구인 대표로 이재명

12만 명이 넘는 시민들이 서명한 이후 주민발의 운동을 통해 전국 최초의 '성남시립병원설립조례'를 주민발의로 의회에 상정할 수 있었다. 주민발의 조례안 서명을 받기 위해서는 주민조례 청구인 대표와 수임인을 선정해야 했다. 주민발의조례 청구인 대표를 정하는 문제는 정치적으로 가장 민감한 사안이었다. 시립병원건립운동을 주도한 보건의료노조와 시민사회단체, 그리고 민주노동당의 대표 중에서 맡아야 했다. 한 명만이 청구인 대표로 가능하기에 고민이 많을 수밖에 없었다. 보건의료노조의 노동자들은 당사자이기에 사양했다.

민주노동당은 정당이기에 고민이 많았다. 청구인 대표를 하는 것은 성남 지역 대표 정치인으로서 우뚝 서는 기회를 가지는 것이기에 맡아야 한다는 의견이 많았다. 민주노동당 당원들이 시립병원 건립을 위해 발 벗고 나섰기에 청구인 대표를 할 만하다는 취지였다. 최종적으로는 더 많은 시민들이 부담 없이 참여하게 하기 위해 시민사회단체를 대표하는 이재명 변호사를 청구인 대표로 하기로 했다.

조례의 주민발의를 위해 1만 8,595명의 시민이 한겨울에 주민등록증을 제시하며 도장이나 지장을 찍어 서명했고, 드디어 2003년 12월 29일 전국 최초로 '조례제정 주민발의'를 하였다.

역사적 안건, 그러나 1분 만에 부결

주민발의조례가 시의회에 상정되고 성남시의회에서 표결되던 2004년 3월, 시립병원설립 범시민추진위원회 고문 자격으로 시의회 방청석에서 표결 결과를 지켜봤다. 표결 결과를 보기 위해 시민 2

백여 명이 시의회로 몰려왔다. 주민발의 조례안이 무난히 통과될 것이라 믿었다. 그러나 상황은 최악이었다. 당시 시의회는 한나라당 소속 시의원이 다수인 구조였다. 한나라당 시의원들은 1분도 안 되어 안건을 부결시키고 의장석 앞문으로 모두 빠져나갔다.

주민들의 욕설과 항의가 쏟아졌다. 민주노동당 당원, 노동자, 시민단체 사람들은 눈물을 흘리며 망연자실했다. 시민들은 분노했고, 흥분한 사람들은 시의원들을 붙잡기 위해 의장석으로 몰려들었다. 아수라장이었다. 발을 동동 구르며 함성을 지르는 기자도 있었다. 서로 안고 서러워 우는 사람들도 있었다.

그러한 행위가 특수공무집행방해와 회의장 점거라는 범죄로 몰려 수십 명이 구속, 불구속되었다. 추진위원회의 공동대표인 이재명 변호사와 집행위원장인 남편이 수배되었다. 둘을 구속시킬 방침이라는 이야기가 검찰 쪽에서 흘러나왔다.

남편은 직접 폭력행위를 하지 않았으나 집행위원장이었기에 실무 책임을 져야 하는 위치에 있었다. 남편은 며칠 집을 떠나 피해 있다가 검찰로 자진출두했다. 결국 구속 상태에서 재판을 받았으며, 집행유예형을 선고받았다. 이재명 공동대표는 한참 뒤에 불구속 조사를 받았다.

'최저임금 1만 원' 온도 차

'최저임금 1만 원으로' 운동을 주도하고 있는 청년단체 '청년하다'가 후보자들에게 '최저임금 얼마로 할 것인가?'라는 질문을 던졌다.

성남시의료원 예산 통과를 촉구하는 집회에 참석한 김미희 전 의원.

나는 민주노총과 시민사회 요구인 최저임금 시급 1만 원을 공약했고, 정환석 새정치민주연합 후보는 당의 입장인 8천 원을 공약으로 내걸었다. 신상진 새누리당 후보는 답변조차 하지 않았다. 당시 최저임금은 시급 5,580원이었다.

최저임금은 말 그대로 생존을 위한 최저임금이다. 시급이 점심값도 안 되는 현실이다. 열악한 한국의 노동과 임금 현실을 생각하면 최저임금 1만 원에 대한 청년들의 요구는 정당하다.

한국은행에 따르면 2001~2012년 국민총소득(GNI)에서 가계소득 증가율은 연평균 5.7%인데 비해 기업소득 증가율은 연평균 9.8%에 이른다고 한다. 비정규직 천만 명, 최저임금 노동자 5백만 명에 이르지만 30대 그룹의 사내유보금은 7백조 원, 억대 연봉자도

50만 명에 이른다. 성장에 따른 소득분배가 제대로 이루어지고 있지 않음을 단적으로 보여주고 있다.

정부와 재계는 7% 인상 또는 동결을 주장하지만, 독일, 미국 등 주요 나라에서 최저임금을 대폭 인상한 이유는 우리나라처럼 내수경제 부진과 소득양극화 때문이다. 최저임금을 시급 1만 원으로 인상하는 것은 소득불평등을 해소하는 지름길이기도 하다.

특히 시급 1만 원은 △현재 한국경제와 사회를 깊은 수렁에서 허우적대게 만들고 있는 재벌·기업과 노동자·서민 간 극단적인 소득불평등구조를 혁파할 유력한 정책수단으로서 최저임금제도를 활성화시켜야 한다는 점 △경제사회적 효과(내수진작, 소득분배 개선 등)를 충분히 거두기 위해서는 '최저임금의 단계적 인상'이 아니라 '최저임금 대폭 인상'이 절실하다는 점 △전 세계적으로 진행되고 있는 최저임금 인상의 흐름에 조응한다는 점 △최저임금 노동자와 그 가족의 생활안정을 도모할 수 있는 수준의 생계비를 충족시켜야 한다는 점 △최저임금 1만 원은 저임금을 일소하고 양극화를 해소하기 위한 정부의 정책적 의지를 상징적으로 드러낸다는 점 등을 종합적으로 고려할 때 매우 적절하다.

나는 19대 국회의원 할 때 최저임금위원장을 직접 찾아가 '최저임금이 안 오르면 장시간 노동으로 이어져 비정규직의 고통이 심화되기 때문에 최저임금을 인상할 것'을 강력히 요구한 적이 있다.

청년은 국가의 소중한 미래 자산이다. 대한민국 청년들의 절망과 고통은 주변 곳곳에서 목격할 수 있고 말로 다 표현할 수 없다. 최저임금 인상과 더불어 청년세대에게 희망과 용기를 주기 위한 정책이 시급하다.

청년호프 행사에 갔더니 청년들은 쪽지(포스트잇)에 바람과 의견을 적어 나에게 주면서 지지해 주었다. 노동자 429명, 여성 백 명이 언론사에 지지 선언을 보내주어 큰 힘을 받았다.

노동자, 여성, 청년에 이어 원로교육자 선생님들도 발벗고 뛰셨다. 조영건 경남대 명예교수, 박순경 이화여대 명예교수 등 교직에서 퇴임했거나 명예직으로 있는 원로 교육자 24명은 21일 기자회견을 열고 "이번 보궐선거는 정권에 의해 파괴된 민주주의를 바로 세우고 빼앗긴 중원구민의 주권을 회복하는 장이 되어야 한다.", "부당하게 의원직을 박탈당한 김미희 전 의원을 제자리로 돌려놓는 선거가 되어야 한다."며 지지 선언을 했다. 너무 고맙고 힘이 나서 남은 일주일 동안 힘들지 않게 뛸 수 있었다.

'성남지하철 유치공약'은 속과 겉이 다른 행위

신상진 후보의 대표 공약이 성남지하철 유치 공약이다. 무슨 독창적인 공약도 아니다. 성남시에서도 일부 노선을 달리하지만 추진하고 있는 정책공약이다. 공약이 현실성 있게 추진되려면 진정성이 있어야 한다. 신상진 후보는 "성남지하철 유치! 신상진이 하겠습니다."는 공약을 예비후보 때부터 명함에 넣어 중원구민에게 배포했다. 위례역-남한산성역-신구대역-공단역-상대원역-하대원역-도촌역-광주 연장선을 추진한다는 것이다.

만성적인 교통난을 해결하고 대중교통을 이용하여 시민편의를 제공하며 중원구, 수정구 지역활성화에 상당한 기여할 것으로 예측되어 환영할 일이다. 그러나 2014년 지방선거에서 새누리당 모 성남시장 예비후보는 위례-신사선 연장노선 신설 추진을 선심성 공약이라며 비방할 때 신상진 후보는 총괄 공동선대위원장을 맡고 있었다. 그때 일을 진심으로 사과하지 않으니 진정성을 의심할 수밖에 없었다. 여전히 생색내기 공약으로 보여 심란할 뿐이다.

성남시는 서울시가 추진 중인 위례-신사선 노선을 성남 지역까지 연장해 위례-을지대-신구대-성남2,3공단을 잇는 7.5km 연장노선 건설을 이미 검토하고 있었다. 성남시가 추진 중인 연장노선 사업에 하대원역, 도촌역까지 추가 연장된다면 이는 누구나 환영하고 힘을 모아야 하는 사업이다. 정당의 차이를 떠나 성남시, 정당, 시민단체, 성남시민 전체가 힘을 모아 2020년 이전에 마무리되도록 노력해야 한다.

야권연대는 승리의 길

'결자해지', 새정치민주연합이 후보를 내서는 안 된다

4월 11일 선거사무소 개소식에 3백여 명의 지지자들이 참석했다. 무슨 말씀을 드려야 하나, 전날부터 고민이 많았다. 시련과 고난을 받는 분들이 많이 오시리라 생각하니 희망을 드리고 싶었다. 당선의 선물을 드리면 가장 좋겠지만 야권분열로 야권 지지층이 모이는 분위기도 아니었다.

나는 매듭을 당사자가 푼다는 뜻인 '결자해지'를 거론하며 "이곳 성남 중원 보궐선거의 억울한 피해자도 중원구민과 김미희이고, 이를 바로잡을 사람도 바로 중원구민과 김미희"라고 밝혔다. 최근 여론조사에서 "일방적 의원직 박탈에 대해 박근혜 정부에 경종을 울려야 한다."고 응답한 중원구민이 37%나 되었다. 열 중 넷 정도는 저에게 투표해서 박근혜 정부를 정신차리게 해야 한다고 말하고 있는 것이다. 헌재의 정당해산 결정이 당연하다는 여론이 조금씩 바뀌어 얼마나 억울하냐는 정서가 퍼지고 있었다.

사무소 개소식을 준비하면서도 세월호 인양에 대한 정부의 소극적인 태도로 마음이 무거웠다. 집권여당이 보궐선거 승리하면 인양에 대한 태도를 바꾸지 않을까 걱정이 되었다. 제발 국민을 속이는 일이 없도록 하고 반드시 유가족의 한을 풀도록 일조하고 싶었다.

그러나 중원 선거는 야권이 분열되어 당선되기 어려웠다. 2012년엔 야권 단일후보를 이뤄 중원구민의 열화와 같은 지지로 당선될 수 있었다. 당시 40여 명의 경기도와 수도권 통합진보당 후보들이 사퇴하는 용단을 내렸고, 이곳 성남에서 야권연대 단일화 후보가 새누리당 후보를 꺾을 수 있었다. 야권단일화는 바로 중원구민의 마음을 하나로 모아 세금폭탄, 무능정권, 박근혜 정권을 심판할 수 있는 강력한 방법이다.

이번 선거는 헌법재판소의 반민주적 처사로 치러지게 된 선거이다. 그렇다면 민주를 금과옥조로 여기고 있는 야당의 맏형인 새정치민주연합이 후보를 내지 않는 것이 원칙이고 정도라고 생각한다. '헌법재판소의 결정이 잘못됐고 잘못된 결정으로 치러지는 보궐선거에 우리는 참여할 수 없다. 백번 양보하더라도 억울한 김미희와 새누리당이 1 : 1로 붙어서 중원구민의 민심이 어디에 있지는 확인해라. 우리는 민주주의를 지키기 위해 김미희 후보를 밀겠다.' 새정치민주연합은 이렇게 선언해야 하지 않겠냐고 말했다. 야권이 진정으로 사는 길이었다.

야권단결을 주장하며 관악을 국회의원 후보직을 사퇴한 이상규 전 의원은 1980년대
부터 김미희 전 의원과 학생운동, 진보정당운동을 함께해 온 동지이자 청춘의 벗이다.

이상규 후보의 사퇴 결단을 외면한 새정연

이상규 후보는 진보정치의 동료이기 이전에 오래된 벗이다. 광주
시민을 무참히 학살하고 등장한 전두환 군부독재에 맞서 치열하게
싸우던 1980년대에 같은 공간에서 청춘을 함께했다.

대학을 졸업한 뒤에도 그의 푸르른 이상과 지향은 나와 다르지
않았으며, 마침내 민주노동당에서 본격적인 진보정치의 장을 열어
가면서 다시 만났다. 그리고 지난 2012년, 통합진보당의 국회의원
으로 함께 당선되어 박근혜 새누리당 정권에 맞서 민주주의와 민생
을 지키기 위해 그야말로 사력을 다해 싸워 왔다. 그런 이상규 후보

가, 부당한 의원직 박탈에 맞서 이번 선거에 함께 출마했던 이상규 후보가 후보직 사퇴서를 제출하였다. 단 한순간도 사심이 없는 사람, 대의를 위해 늘 자신을 희생해 왔던 사람, 그의 치열함을 너무나 잘 알기에, 이번에도 그의 고민이 얼마나 깊었을지 짐작이 갔다.

나는 이상규 후보의 고심에 찬 결단을 존중할 수밖에 없다. 4·29 보궐선거의 직접적인 당사자로서 그 어느 때보다 내리기 힘든 결정이었을 것이다. 관악을의 유권자뿐만 아니라, 역사의 시계를 거꾸로 되돌리려는 박근혜 새누리당 정권에 맞서 결연하고 당당하게 나선 시민들도 이상규 후보의 진정성을 이해하고 지지해 주리라 믿었다. 사퇴하면 안 된다는 분들도 많이 있었다. 중간 사퇴하면 진보정치를 살릴 수 없다는 애정어린 비판을 해주시는 분들도 있었다. 진심어린 충고였다.

이상규 후보의 사퇴라는 소중한 결심이 개인적인 결단에 그치지 않기 위해서는, 역사의 수레바퀴를 정방향으로 굴리기 위해서는 다시 새로운 결단으로 이어져야 했다. 우리 국민들의 절절한 요구이자 명령이었다. 이곳 성남 중원에서 새정치민주연합 후보의 화답과 결단을 기대했다. 의원직 한 석이 아니라 민주주의를 지킨다는 심정으로 결단을 내려주길 기대했다. 그러나 새정치민주연합은 매서운 민심을 직시하지 않았다. 박근혜 새누리당 정권의 학정과 실정을 단호하게 심판해야 한다는 것이 우리 국민들의 분명한 의지인데도 제1야당인 새정치민주연합은 그 뜻을 제대로 모아낼 그릇이 못 됐다.

이번 선거만 해도 그렇다. 애당초 있어서는 안 될 선거였다. 박근혜 정권의 적반하장식 독재 행태로 인해 짓밟힌 우리 유권자들의 뜻을 다시 되살리는 선거임에도 불구하고 새정치민주연합은 이율배반적 욕심을 부렸다.

공식 선거운동이 시작되고 정환석 후보는 선거운동을 통해 우리 중원구민들의 요구가 무엇인지 충분히 듣고 고민했을 것으로 생각했다. 지난 2012년 야권 단일후보로서, 재선 출신의 집권여당 후보를 당당하게 누르고 당선되었던 내가 박근혜 새누리당 정권에 맞서 다시 일어서 달라는 것이 바로 우리 중원구민들의 판단이고 일치된 목소리라고 생각했다. 새정치민주연합의 결단을 촉구했지만 대답 없는 메아리였다.

새정치민주연합 정환석 후보는 구태의연한 정치공학적 야권연대는 없다고 했다. 처음에는 지역 야권연대를 할 것처럼 언론에 흘렸다. 나의 사퇴를 은근히 압박하기도 했다. 야권연대에 대한 나의 입장이 강경하자 전 통합진보당과 선거연대는 없다는 중앙당 야권연대 방침만 반복적으로 흘렸다. 야권연대 없이 필패라는 건 삼척동자도 다 안다.

야권연대 협상 난항으로 신상진 후보의 승리가 점쳐졌다. 불과 일주일을 안 남기고 언론의 주요 관심은 야권연대와 나의 중간사퇴 여부였다. 무소속 김미희 후보의 지지율이 두 자릿수로 나온 여론조사 결과가 중원구 선거에 어떤 영향을 미칠지에 관심이 많았다. 그 무수한 정치탄압과 종북공세에도 불구하고 놀라운 지지율이 나온다는 것이 상상이 안 되는 모양새였다.

기독교방송(CBS)과 〈오마이뉴스〉에서도 인터뷰 연락이 왔다. 일주일 남겨두고 야권연대 여부 질문에 대한 대답은 같았다.

|인터뷰| 4·29 재보궐선거 경기도 성남 중원 김미희 무소속 후보

"김미희 당선이 진짜 정권 심판. 사퇴는 없다. 반드시 완주한다."

경기도 성남 중원에 출마한 김미희 무소속 후보가 21일 오후 경기도 중원구 자신의 선거사무소에서 〈오마이뉴스〉와의 인터뷰에서 "김미희 당선이 진정한 박근혜 정권 심판이다."며 "사퇴는 없다, 반드시 완주한다."는 의지를 밝혔다.

지난해 12월 헌법재판소의 정당해산과 의원직 박탈 결정으로 의원직을 상실한 전 통합진보당 의원은 모두 5명이다. 그 가운데 지역구의원은 세 명이었다. 4·29 재보궐선거는 공석이 된 그 세 자리를 채우기 위해 시작됐다. 전 통합진보당 출신 인사들도 정당 해산의 부당함을 입증하기 위해 다시 자신의 지역에 출마했다. 그 가운데 서울 관악을의 이상규 후보가 후보직을 사퇴했고, 경기도 성남 중원에 출마한 김미희 후보가 사실상 홀로 남았다.

전 통합진보당 인사들이 출마 목표로 내세운 '박근혜 정권 심판'이 이뤄질 가능성이 남아 있는 곳은 이제 성남 중원뿐이라고 할 수 있다. 그리고 김 후보는 각종 여론조사에서 11%~18%의 지지를 유지하며 그 가능성을 이어가고 있다.

지난 21일 중원구 선거사무소에서 김 후보를 만났다. 전날 이상규 후보가 사퇴하면서 김 후보 역시 사퇴하는 게 아니냐는 전망이 제기되는 시점이었다. 그러나 사무소에서는 그런 분위기를 전혀 느낄 수 없었다. 선거운동원들은 분주했다. 김 후보는 이날 저녁 예정된 지역 방송의 후보토론회 준비에 여념이 없었다. 사퇴 의사를 묻는 첫 질문에도 "사퇴는 없다, 반드시 완주한다."라는 짧은 답변이 돌아왔다. 어떤 여지도 두지 않는 모습이었다.

　김 후보는 이상규 후보의 사퇴와 관련해 "새정치민주연합과 다른 야당이 거부했지만 야권연대는 국민이 원하는 것"이라며 "이 후보는 그런 국민의 바람대로 야권의 단결을 촉구하며 사퇴했고, 성남 중원에서는 김미희로 단일화해 달라는 의미"라고 말했다. 이어 새정치민주연합 일각에서 김 후보의 사퇴를 요구한 것과 관련해 "오히려 정환석 후보가 대승적으로 후보직을 사퇴해야 한다."라며 "김미희 당선이 진정한 박근혜 정권 심판"이라고 강조했다.

　다음은 김 후보와 나눈 일문일답을 정리한 것이다.

이상규 후보가 사퇴했다. 김 후보도 사퇴할 수 있나?

김미희_"사퇴는 없다. 반드시 완주한다."

이상규 후보 사퇴는 어떤 의미가 있다고 생각하나?

김미희_"이번 선거는 헌법재판소가 대법원의 최종 판결이 나오기도 전에 서둘러 통합진보당을 강제해산 시키면서 시작됐다. 동시에 법적 근거도 없이 의원직 상실 결정까지 내렸다. 있어서는 안 되는 선거였다. 이상규 후보와 나는 억울한 당사자다. 우리는 출마회견 때부터 야권연대를 주장했다. 새정치민주연합과 다른 야당이 거부했지만, 그것은 국민이 원하는 것이다. 이 후보는 그런 국민의 바람대로 야권의 단결을 촉구하며 사퇴했다. 그리고 이곳 성남 중원에서는 김미희로 단일화해 달라는 의미였다."

반대로 새정치민주연합 쪽에서도 김 후보의 사퇴를 촉구하는 목소리가 제기됐다. 이용득 최고위원이 "야당은 소위 정적이라 할 적이 여당만이 아니고 또 다른 야당도 있다."고 말했는데, 어떻게 생각하나?

김미희_ "이번 선거가 왜 시작됐는지, 이번 선거의 의미가 무엇인지 이용득 최고위원이 알고는 있는지 묻고 싶다. 반드시 당선돼야 할 이상규 후보가 사퇴를 결단하는 상황에까지 온 것에 새정치민주연합은 반성을 해야 한다. 그런데 참으로 엉뚱한 발언을 한 것이다. 오히려 정환석 후보가 대승적으로 후보직을 사퇴하고, 3년 전 야권 단일 후보로, 야권연대로 당선됐던 김미희가 임기 4년을 채우도록 하는 것이 박근혜 정권을 심판하는 길이다."

여러 여론조사에서 적게는 11%, 많게는 18% 정도의 지지율을 얻고 있다. 통합진보당이 강제해산되고 종북공세가 계속되고 있는데 이 정도의 지지를 얻을 수 있는 이유는 무엇인가?

김미희_ "성남 지역에서 30여 년에 걸쳐 다양한 시민운동을 펼쳤다. 노동운동, 여성운동, 청년운동, 그리고 정치활동까지 이곳에 튼튼한 뿌리가 있다. 박근혜 정권이 아무리 종북공세를 펼쳐도 그것을 가려서 볼 수 있는 눈을 성남시민들은 가지고 있다. 그동안의 지역활동을 인정받고 또 박근혜 정권을 심판해야 한다는 목소리가 있기 때문에 지속적으로 지지를 얻을 수 있다고 생각한다."

새정치민주연합뿐 아니라 다른 야권에서도 전 통합진보당 세력과 연대를 바라지 않는 모습이다. 그러나 후보는 여전히 야권의 단결을 주장하고 있는

데, 이유는 무엇인가?

김미희_ "야권연대를 강조하는 것은 나의 주장이 아니라 국민의 바람이다. 모든 야권이 단결해서 정권의 독주를 막아 달라는 것이 국민의 뜻 아닌가? 다시 한 번 강조하지만 내년 총선에서 야권의 승리와 내후년 대선에서 정권교체를 위해서는 야권의 대단결, '반새누리당' 세력의 결집이 필요하다. 다른 정당들이 우리와 연대를 주저하는 것은 부끄러운 모습이다. 종북몰이에, 공안탄압에 당당하게 맞서지 못하고, 그런 공세에 주눅 들어 연대를 주저하는 것이다. 국민 보기에 부끄럽다. 국민들 앞에 더 용기 있는 야당의 모습을 촉구한다."

전 통합진보당 인사들의 정치적 재기는 가능하다고 생각하나? 다시 정당을 구성할 가능성이 있나?

김미희_ "통합진보당을 강제해산 시켰다고 해서. 진보정치가 사라진 게 아니다. 진보정치를 해왔던 사람들이 없어지지 않았다. 그리고 우리 국민들의 진보정치에 대한 갈망과 염원은 여전히 존재한다. 오히려 더 절실하고 더 커지고 있다고 생각한다. 대중 속에 더 깊이 뿌리 내리는 정당, 무너지지 않고 더 강하게 살아남을 수 있는 당을 만들기 위해서 앞으로 많이 노력해야 한다."
〈오마이뉴스〉(최지용 기자, 2015. 4. 22.)

'김미희는 역시 다르구나'

후보자 TV토론은 유권자가 후보를 알 수 있는 좋은 기회이다. 후보자의 인물, 정책능력 등을 확인하고 자신의 표를 던질 수 있는 가능성이 열려 있다. 4월 21일 보궐선거 후보자 아름방송 TV토론회에서 복지정책 방안, 지하철노선 신설, 성남시의료원 운영방식 등을 놓고 공방을 주고받았고 성완종리스트와 야권연대를 놓고도 설전을 벌였다.

신상진 후보는 민주당과 통합진보당 간 야권연대로 자신이 낙선했던 지난 2012년 이후 중원의 발전이 뒤처지고 있음을 강조했다. 야권 후보들은 최근 성완종리스트로 불거진 박근혜 정부와 여당 심판론을 정조준했다.

나는 성완종리스트로 인해 썩은 냄새가 진동하고 있고 온 국민이 큰 충격에 빠졌으며, 이번 사태는 박근혜 대선캠프 불법 비자금과 관련이 있는 것으로 민주적 기본 질서를 정면으로 위배한 새누리당이야말로 해산해야 할 정당이라고 주장했다.

TV토론회 후 김미희 선본의 전체적인 총평은 "김미희 후보는 부동층을 갖고 올 수 있는 주도적이며 안정된 토론 모습을 보였고, 여유를 가지고 안정감 있게 진보정치 고유의 정책과 정치적 이슈를 분명하게 주장하였다. 신상진 후보는 자신의 지지층을 묶어세우는 모습이었다. 정환석 후보는 준비가 부족한 모습을 보여주었다."는 것이었다.

TV토론회를 통해 '김미희는 역시 다르구나'라는 인상을 주었고, 상호 정책 질문과 대답도 평소 추진하던 내용이라 무리 없이 설명하였다. 신상진 후보는 야권연대에 관해서는 여전히 초조함을 감추지 못했다.

직격탄, "신상진 후보님, 야권연대가 두려우신 거죠?"

아름방송 토론회에서 신상진 후보는 김미희 후보에게 "야권연대 하실 거냐?"고 질문을 던졌고, 김미희 후보는 "신상진 후보님, 야권 연대가 두려우신 거죠?"라고 직격탄을 날렸다. 신상진 후보의 얼굴이 바로 굳었다. 야권연대에 대한 두려움은 선거 종반 내내 계속되었다.

정책적 가치와 진보적 의제를 중심으로 하는 후보단일화와 야권 연대는 고도의 연합정치이다. 정치적 셈법을 떠나 무능하고 부패한 집권세력을 심판하는 데 가장 강력한 무기는 야권연대임이 틀림없다. 이번 보궐선거는 당선 후 7개월간 일하는 의원을 뽑는 선거이다. 박근혜 정권의 정치보복과 정치탄압으로 '있어서는 안 되는 선거'에 제1야당이 원칙 있는 통 큰 정치를 했다면 얼마나 감동적이었겠는가?

지금이라도 헌재의 부당한 판결로 의원직을 빼앗긴 김미희로 야권단일화가 되어야 한다. 아직 7일의 시간이 남아 있다. 정국과 선거 판세는 요동칠 것이다. 2012년 수정구에서 야권 후보 승리를 위해 내가 용퇴한 것처럼 야권 승리를 위해 정환석 후보가 용퇴한다면 정권심판 정권교체의 밑거름이 되리라 확신했다.

나는 추가질의를 통해 '성남지하철 공약', '성남 40년', '노인 최저임금법안' 추진 등 신상진 후보의 말 바꾸기와 '불효법안'을 지적하였다.

양당 구도 흔드는 제3 후보들

4·29 재보궐선거는 양당 구도 속에 정권심판 성격을 띠었던 기존의 재보선과는 다른 양상으로 전개되었다. 여야 거대 양당과 다른 제3 후보들이 두각을 나타내면서 선거 결과를 내다보기 힘들 정도로 혼전으로 치달았다.

이번 선거는 '세월호 참사' 후 1년이 지나도록 진상규명조차 못한 정부에 대한 심판여론이 우세한 속에서 시작됐다. 이와 함께 터져나온 '성완종리스트'로 새누리당으로서는 더없이 불리한 조건이었다. 새누리당이 '전패'를 해도 이상하지 않을 상황이었다. 하지만 정권심판은 물론 무력한 야당에 대한 비판 여론도 만만치 않았다. '반새누리-비새정치민주연합' 제3 후보들이 강하게 자리잡으면서 선거 판세가 매우 복잡해졌다. 게다가 관악과 광주에서 통합진보당 출신 후보들이 '야성 회복, 야권단결'을 주장하며 줄줄이 사퇴하면서 선거 판세는 더욱 내다보기 힘들게 됐다.

전통적으로 새누리당의 낙승 지역으로 꼽혔던 인천 서구 강화을에서는 새누리당과 새정치민주연합 후보가 팽팽한 양강 대결구도를 펼쳤다. '정권심판'의 성격이 강하게 작동하는 지역구였다.

하지만 다른 지역에서는 전 대선후보, 전 법무부장관, 전 국회의원 등 제3 후보가 등장하면서 양당 구도가 완전히 깨지고 새로운 국면이 펼쳐졌다. 후보를 내면 당선되었던 광주에서 새정치민주연합이 위기를 맞았으며, 수도권에서 야당 성향이 가장 강한 지역구에서 당선을 내다보기 힘든 선거 형세가 그려졌다.

사전투표일인 24일을 하루 앞두고 광주 서구을에 출마한 전 통합진보당 출신 무소속 조남일 후보가 후보직을 사퇴하면서 천정배 후보에게 유리한 국면이 형성됐다. 같은 날 광주 지역 시민사회단체 대표자들이 '기득권 타파'를 실현하기 위해 공식적으로 '비새정치민주연합' 후보들에게 '천정배로 단일화'를 요구했고, 조남일 후보가 이에 화답한 것이었다. 조 후보는 기아자동차 노동자 출신으로 노동현장에서 탄탄한 지지를 얻고 있었다.

혼전을 거듭하던 관악을 선거도 전 통합진보당 소속이었던 이상규 후보 사퇴 이후 완전한 3파전 양상을 띠었다. 특히 새누리당 오신환, 새정치민주연합 정태호, 무소속 정동영 후보가 오차범위 안에서 각축을 벌인 관악을은 양당 구도일 경우 '깃발만 꽂아도' 새정치민주연합 후보가 당선되는 곳이다.

야권의 두 유력 후보가 팽팽한 대결을 벌이면서 어부지리로 새누리당의 승리가 점쳐지기도 했지만, 이상규 전 통합진보당 의원이 후보에서 사퇴하면서 선거판도 요동쳤다. 5%대의 지지율을 갖고 있는 것으로 평가되던 이상규 후보의 사퇴로 야권 승리의 가능성도 높아졌다. 선거판 자체를 실질적으로 흔드는 효과가 있었고, 헌법재판소의 정당해산 결정에 대해 정동영 후보가 적극 대응했기 때문에 이상규 후보 지지자 상당수가 정동영 후보를 선택할 것으로 예상했다.

경기권에서 야당 성향이 강한 곳 중 하나로 꼽히는 성남 중원 선거는 새누리당의 낙승이 예상되었다. 성남 중원은 전 통합진보당의 조직력이 강하게 자리잡은 곳으로 야권연대가 이뤄질 경우 야권이 어렵지 않게 승리할 수 있지만, 역으로 야권연대를 이루지 못할 경우엔 새누리당이 손쉽게 승리해 왔다. 신상진 후보가 야권분열로 어부지리 당선을 해온 수혜자였다.

나는 정당해산 전후로 '종북공세'에 시달렸으나 두 자릿수 지지율을 유지하며 파장을 일으켰다. 선거 초반부터 통합진보당 해산과 의원직 박탈이 부당하다고 생각한다면 야권이 연대해 새누리당을 심판하자고 주장했다. 그러나 새정치민주연합이 공식적으로 통합진보당과 연대하지 않겠다는 입장을 내면서 나는 언론인터뷰를 통해 완주 의사를 밝혔다. 내가 완주할 경우 성남 중원에서는 신상진 후보의 승리가 불을 보듯 뻔한 결과였다.

양당 구도를 흔들고 있는 광주–관악–성남 중원의 천정배, 정동영, 그리고 나는 하나같이 지금의 새정치민주연합으로는 정권교체가 불가능하며, 새정치민주연합을 뛰어넘는 야권단결이 필요하다고 주장하였다. 이상규, 조남일 후보 역시 '야성 회복, 야권단결'을 내세우며 사퇴했다. 선거 결과는 광주 천정배 승리, 서울 관악과 성남 중원은 새누리당 승리였다. 야권분열의 대가를 톡톡히 치른 셈이다.

MBN이 여론조사 전문기관인 리얼미터에 의뢰해 발표한 마지막 여론조사에서 중원구 지역 유권자 503명을 대상으로 유선 임의 전화걸기 방식으로 조사한 결과 새누리당 신상진 후보가 46.0%로 1

김미희 후보는 정당해산 전후로 '종북공세'에 시달렸으나, 2015년 4·29 보궐선거
여론조사에서 두 자릿수 지지율을 유지하며 파장을 일으켰다.

위를 달렸다. 반면 새정치민주연합 정환석 후보는 35.0%로 나타나 11% 차이를 보였다. 무소속으로 출마한 내가 12.2%를 달리고 있어 만일 야권이 단일화될 경우에 결과는 누구도 알 수 없을 전망이었다. 미리 야권연대 단일후보 과정이 있어 새누리당과 맞대결을 하였다면 야권 지지층이 요동하고 충분히 민주진보개혁진영의 승리가 가능했던 선거였다.

마지막 호소

투표를 하루 앞두고 중원구 주민에게 마지막 호소를 했다. 불법 대선자금 꼬리 자르는 박근혜 새누리당 정권과 꼬리 내리는 제1야당을 중원구 주민이 바로잡아 달라고 말했다. 지난 2월 10일 예비후보로 등록한 후 79일 동안 쉼 없이 달려왔다. 어렵고 힘들 때마다 늘 곁에서 함께 눈물 흘리고 손잡아 힘을 주신 중원구 주민들의 사랑을 잊을 수가 없다. 지난 3년과 마찬가지로 중원구민의 눈물을 닦아드리겠다는 약속, 제 몸 아끼지 않고 성실히 일하겠다는 약속, 결코 잊지 않겠다고 다짐했다.

정권교체를 하려면 답답하고 무딘 야당으로는 안 된다. 야당다운 야당, 서민의 편에서 당당히 할 말 하는 힘 있는 야당이 필요했다. 그러나 제1야당 새정치민주연합은 이번 선거를 통해서도 무능함을 다시 나타냈다. 모든 죄과가 만천하에 드러났는데도 박근혜 정권의 독재와 실정에 일침조차 가하지 못하는 무능 야당의 모습을 보인 것이다. 새누리당이 수십 년째 써먹는 종북의 덫에서 헤어나오지 못하고 어정쩡한 태도로 눈치만 보고 있다. 130석 의석을 가지고도 국민을 위해 몸을 던지기보다 몸만 사리면서 표를 달라 읍소하고 손 내밀기 일쑤이니 한 석을 더 준다고 하여도 새정치민주연합이 반성하고 변화하지 않는 한 무엇이 달라지겠는가? 앞으로는 제대로 일하라고 이번에는 확실히 회초리 좀 쳐주셔야 한다고 마지막 호소를 했다.

2012년 총선에서 중원구 주민의 선택을 받았을 때 주민들과 한 약속을 뚜렷하게 기억하고 있었고, 지난 2년 7개월의 의정활동 기간 그 약속을 지키기 위해 숨 가쁘게 달려왔다. 남은 1년, 다시 중원구 주민의 힘으로 김미희를 복직시켜 주면 아직 마무리하지 못한 성남시와 중원구를 위한 일들 잘 매듭지어야 했다. 모든 것을 걸고 성남시립병원, 재개발, 서민복지를 향해 꿋꿋이 일해 나갈 생각이었다.

선거운동 기간 보여준 사랑과 신뢰를 잊을 수가 없다. 성호시장에서 "우리 미희를 누가 이렇게 괴롭히냐?"며 손잡아 주시던 어르신, 단대오거리에서 "미희 씨가 어떻게 일해 왔는지 다 알고 있으니 힘내라."고 격려하던 시민의 얼굴이 눈에 선하다. 선거기간 동안 어떤 어려움도 이길 수 있었던 것은 그 사랑의 힘이었다.

그러나 새누리당 신상진 후보가 4·29 중원 국회의원 보궐선거에서 개표 초반부터 독주를 이어간 끝에 과반수가 넘는 56%의 지지율로 국회의원에 당선되었다. 새정치민주연합 정환석 후보는 35.6%, 무소속으로 출마한 나는 8.4% 얻는 데 그쳤다. 야권분열의 결과는 예상보다 컸다. 야권의 승리를 위하여 더 큰 연대의 길을 닦도록 헌신하겠다고 다짐했다.

옛 진보당 저력 확인

야권연대가 불가능한 조건에서 신상진 후보의 낙승은 예견된 일이었다. 지난 몇 차례 선거에서 중원은 여권과 야권 후보가 번갈아 당선된 지역이었다. 신상진 후보의 높은 인지도에 더해 여권 지지층의 결집이 50%대의 득표율을 얻은 배경이다.

성남 중원의 투표율은 31.5%로 잠정 집계됐으며, 국회의원 4개 선거구 가운데 가장 낮은 수치로 기록됐다. 야권분열로 야권 성향의 지지층들이 투표를 포기했다. 보궐선거는 강제해산된 전 통합진보당의 숨은 저력을 발휘했다. 최대 18%까지 오른 여론조사도 있었고 선거기간 내내 선거 지형에 상당한 영향을 미쳤다. 박근혜 정부의

4·29 보궐선거는 박근혜 정부의 통합진보당 해산에도 불구하고 진보정당
지지층이 유지되고 있음을 보여줬다. 전 통합진보당 김미희, 김선동, 김재
연 의원이 촛불 거리집회에 함께 참여했다.

통합진보당 해산에도 불구하고 진보정당 지지층이 유지되고 있음을
보여줬다. 절반의 승리이다. 이번 선거 결과는 무엇보다 야권 모두가
힘을 합쳐야 박근혜 새누리당 정권의 실정을 막아낼 수 있다는 민심
이 확인된 것이다.

헌법재판소의 통합진보당 해산과 의원직 상실 결정에 따라 치러
진 선거였지만, 민주진영을 대표한다는 새정치민주연합은 이러한 의
미를 전혀 살리지 못했다. 재보궐선거를 초래한 박근혜 정권의 반민
주적 행태에 대해서는 아무 말도 하지 않고 오히려 색깔공세가 두려
워 몸을 사리는 데 급급했다. 색깔공세가 새정치민주연합의 지지율
을 높이는 데 일조할 것이라고 생각하는 모양새였다. 야권연대를 처

음부터 배제해 야권의 분열을 무기력하게 방치한 근본 이유도 여기에 있었다.

'승자 독식'의 선거제도 탓에 새누리당의 전승으로 나타나기는 했지만, 새누리당을 규탄하는 민심의 도도한 흐름을 다시 한 번 확인됐다. 문제는 현재 야권이 보이는 모습으로는 이러한 민심을 받아 안을 수 없다는 점이다. 민심이 전체 야권에 던진 숙제다.

보궐선거 결과를 통해 2016년 총선 시나리오를 예측해 본다면 총선 방정식에서 가장 큰 함수는 야권분열이다. 야권이 분열되면 승리할 수 없다는 공식이 그대로 재현된 만큼 내년 총선에서도 야권연대 여부가 총선 결과를 좌우할 수밖에 없다. 제1야당만 귀 닫고 눈 감고 있다. 전 통합진보당 세력을 제외하고 정의당하고만 연대하려고 한다. 새정치민주연합은 색깔공세의 두려움에서 벗어나 '통 큰 연대'에 나서야 한다. '새누리당의 후보와 맞서는 야권 후보는 반드시 하나'여야 한다.

2016년, 무엇으로 승리할 것인가?

분열하면 끝장인
거, 아시죠?

야권이 단결하면 총선, 대선 승리

야당은 야성을 가지고 대통령과 여당이 잘못했을 때 정면으로 반격하고 진검 승부로 겨룰 때 국민의 관심을 얻게 된다. 그래야 야당 지지율이 올라가고 민주진보개혁세력의 정권교체 가능성이 더 높아진다.

그런데 현실은 전혀 그렇지 않다. 박근혜 대통령과 새누리당이 아무리 잘못해도 새정치민주연합이나 통합 정의당의 지지율은 올라가지 않는다. 야권 대선후보인 문재인, 안철수, 박원순의 지지율은 올라가지 않는다. 박근혜 대통령과 새누리당은 점점 더 안하무인이고 국민들은 야당다운 야당이 없다며 절망하고 있다. 노동자, 농민, 서민의 민심을 대변할 강한 야당이 나타나길 고대하고 있다. 우스갯소리로 박근혜 정권과 여당이 '야당 복은 있다'는 말이 떠돈다.

아무리 집권세력이 뻘짓을 해도 그 잘못된 행위에 대한 반사이익을 얻지 못한다. 이대로 가면 2016년 4·13 총선은 여당의 압승, 야당의 참패가 불을 보듯 뻔하다. 벌써 집권세력의 개헌 의석수 확보가 가능할 것이라는 예상까지 하는 사람들이 늘어나고 있다. 패배주의와 절망감도 커지고 있다.

지금 여당은 서로 치고받고 집권당 안에서 싸우지만 어찌 되었든 하나의 정당이다. 야당은 서로 적으로 간주하여 정치적 공세가 아군에게 향하는 경우가 더 많다. 2016년 총선에서 대패해야 정신을 차리고 그래야 2017년 대통령 선거에서 승리할 수 있다는 이야기를 하는 사람도 더러 있다. 그러나 이는 선거의 판을 잘못 읽은 것이다. 야당이 국회의원 선거에서 대패하면 2017년 12월 대통령 선거에서 야당이 이길 가능성은 별로 없다. 야권 내 경쟁할 수 있는 대선 잠룡이 사라지고, 새로운 인물이 두각을 나타내기는 시기적으로 쉽지 않다. 다수당이 일방적으로 정국 이슈를 주도해도 야당이 막을 힘이 없다. 2012년 대선에서 여당 지역 국회의원이 여당 대선후보가 어르신들에게 20만 원을 준다는 등 맞춤형 정책을 가지고 죽기살기로 홍보하면서 표심을 만들어갔던 일은 지역구 국회의원 역할이 얼마나 중요한지 상징적으로 말해 준다.

지금 가장 큰 문제는 무엇일까?

첫째, 야권의 분열이다. 종북논란과 통합진보당 해산으로 인한 매카시즘이 사회 곳곳에 광범위하게 퍼져있어 야권의 단결을 가로막고 있다. 안철수 의원은 얼마 전 기자회견에서 "지난 대선 때 통합진보당 후보와의 연대는 얻은 표의 몇 배에 해당하는 표를 잃어버렸다."고 이야기했는데 이는 사실도 아니고 선거에 대한 관점이 부족한 억측일 뿐이다.

종북논란이나 매카시즘에 대한 반격 전선을 공동으로 하고, 민심을 챙길 정책연대만 하더라도 정권과 야당의 종북공세는 저지할 수 있다.

둘째, 야당과 야당 정치인들이 정권을 맡을 수 있는 대안세력으로 인정받지 못하고 있다는 것이다. 김대중, 노무현 전 대통령과 같은 정치적 돌파력을 찾기 어렵다. 종편(종합편성채널)의 왜곡된 보도와 흠집내기 공격이 부담이 될 수도 있다. 그러나 거꾸로 침묵하는 다수 국민들의 민심을 담아낼 수 있는 기회이기도 하다. 종편의 영향력이 막강해져서 두려울 수 있으나 민심은 종편에 의해서만 움직이는 것은 아니다. 언론환경이 불리하면 불리한 상황을 돌파할 수 있는 전략과 전술을 세워야 한다. 그런 것이 정치력이다. 야권을 지지하는 사람들은 그런 정치인에게 신뢰와 환호를 보냈다. 그게 야권의 정통성이고 역사성이다.

야권연대의 네 가지 원칙

야권연대, 통합과 연대의 길이 실패하는 경우는 정책과 가치를 합의하지 않은 경우, 야권연대 협상 결과에 불복하여 출마를 강행하는 경우이다. 2012년 국회의원 선거에서 관악을에 민주당 후보로 나선 의원은 경선 패배 직후부터 민주당과 진보당의 협상이 진행되는 사이 탈당해 무소속 출마를 감행하였다. 민주당은 경기 안산 단원갑에서 후보단일화 경선에서 패한 자당 후보에게 공천장을 준 일도 있다. 한 개인이 합의를 깨는 행위를 해서 전체 선거판이 흔들려도 대책이

진보개혁세력이 정권을 교체하기 위해서는 먼저 대중적 진보정당을 만들어 양당 체제와 겨뤄 이길 수 있는 변화와 통합을 해야 한다. 천주교 정의구현 전국사제단 고문인 함세웅 신부와 함께.

없는 경우가 많다.

야권연대가 선거판의 태풍이 되려면 당과 정책을 달리하는 야권 정치세력들의 깊은 신뢰를 토대로 노동자, 농민, 민중의 동의와 감동을 얻어야 한다. 과감하게 기득권을 먼저 내놓을 수 있는 용기와 결단은 야권연대의 요체라 할 수 있다. 민중의 입장이 아닌 '야권만의 리그'로 전락한다면 배신감만 안길 뿐이다.

야권연대가 시너지 효과를 최대화하려면 몇 가지 원칙과 전제가 있어야 한다.

첫째, 민주진보개혁세력 전체를 대상으로 해야 한다. 야권의 일부 정치세력을 뺀 야권연대는 있을 수도 없고 있어서도 안 된다. 특정

세력을 '배제'하는 야권연대는 새누리당의 술수에 말려드는 것이다.

둘째, 노동자, 농민, 민중의 요구에 맞는 정책을 구체화하고 민주진보개혁세력의 미래를 제시해야 한다. 2010년 김미희, 이재명 시장후보 시절 야권연대 정책합의와 실천은 여권과의 변별성을 가지고 있어서 성공할 수 있었다. 지금은 여야의 변별성이 예전처럼 분명하지 않다. 농민월급제 등 파격적인 민중정책이 진정성 있게 구체화되어야 한다.

셋째, 민중의 정서로 민중의 언어로 설득하고 이해시키는 감동이 있어야 한다. 그동안 정치권이 정책을 약속하고 집권하면 모르쇠로 일관해 왔다.

넷째, 공동선대위, 공동선대본, 공동사무국 발족으로 야권 단일대오의 형식과 내용을 보여주고 실천해야 한다. 후보단일화를 통한 총선 승리에 대한 다짐을 천명한 것은 유권자와의 약속이고, 민주주의, 자주, 통일의 역사를 바꾸는 의지와 책임의 문제이다.

민주진보개혁진영의 새로운 변화

보수야당과 진보정당, 그리고 민주진보개혁세력은 정권교체를 위해 무엇을 해야 할까? 변화해야 한다. 그 변화의 출발점은 무엇보다 야권의 단결이다. 야당은 집권여당과 정면승부해야 하고, 진보정당은 노동자, 농민, 서민의 신뢰와 지지를 받아야 한다. 보수야당은 리더십을 발휘하여 야성을 회복해야 하고, 진보정당은 가장 먼저 대중적 진보정당을 만들어 양당체제와 겨뤄 이길 수 있는 변화와 통합을 해야 한다. 그러나 보수야당 정치지도자들은 서로 자기가 주도하는 당체제를 만들려고 매 시기마다 정치적 대립을 하고 있다. 단일지도력이 발휘가 안 되면 집단지도체제라도 세우는 결단을 해야 한다.

2015년 11월 18일 천정배 신당은 개혁적 국민정당을 표방하며 추진위원회 발대식을 하였다. 새정치민주연합의 한계를 극복하려는 시도이지만 한 측면에서는 야권의 분열로 작용한다. 새로운 인물과 경쟁력 있는 후보는 보이지 않았지만 야권에 실망한 호남 정서와 구야권 지지세력에 기대는 틈새전략으로 2016년 총선을 준비하는 모양새이다. 호남은 독자적 힘으로, 수도권 등 다른 지역의 야권 진영은 연대연합 전략으로 대응하려는 의도임을 예상하게 한다.

진보정당은 정의당을 중심으로 국민모임, 노동정치연대, 진보결집 더하기 세 정파가 결합하였으나 정의당이 흡수하는 결과로 나타났다. 보수언론이 야당을 분열시키기 위해 혁신하는 진보정당이 탄생했다고 힘껏 추켜세우고 있지만, 노동자, 농민, 빈민 대중조직의 참여가 없어서 진보세력을 대변하지는 못할 것이다. 진보정당의 생명력은 진심과 진정성 있는 정치인데 꼼수로 통합과 혁신을 부르짖은들 대중적인 진보정당으로 새롭게 태어날 수는 없다. 대중적 기반을 갖춘 자주통일 세력과의 통합 없이 자력으로 총선에서 의미 있는 성과를 내기는 어렵기 때문이다.

1987년 대통령 직선제 개헌 이후 우리나라 정치는 매순간 짜릿한 드라마였다. 이제 2016년 국회의원 선거까지 4개월, 2017년 12월 대통령 선거까지 2년 남짓 남았다. 요동치는 시기가 도래한 것이다. 정치는 생물이라고 하지 않던가. 진보정당 통합진보당이 정권의 탄압으로 해산되었다 하여 진보정치가 몰락하는 것은 아니다.

정치에서 섣부른 낙관과 비관은 금물이다. 변화는 이제 시작되었다. 진보정당 정치인들의 행보가 주목받을 것이고 정국의 중심에서 선거판을 주도할 수도 있다. 진보정치를 일구려는 정치인과 지지하는 사람은 남아 있기 때문이다.

전 통합진보당 이현숙 전북도의원이 통합진보당 해산과 함께 선관위 결정으로 의원직을 박탈당하고 거의 1년간 정치활동을 정지당했다. 다행히 전주지방법원에서 광역의원 지위가 있음을 확인하는 선고를 내렸고, 이 의원은 도의원 활동을 시작하였다. 움츠렸던 진보정치가 활발하게 움직이기 시작했다. 정권의 탄압에 맞서 노동자, 농민, 빈민을 대표하는 대중 조직을 중심으로 새로운 대중적 진보정당 운동이 일어나고 있다.

대중적 진보정당 건설은 포기할 수 없는 길

노동자, 농민, 빈민 세력이 주도하는 대중적 진보정당 건설은 진보정치의 승리를 꿈꾸는 정치인에게는 포기할 수 없는 길이다.

민주노동당 건설의 역사적 경험은 현장에서 조직된 대중이 주도하고 그에 기반할 때 대중적 진보정당을 성공적으로 건설하고 전진시킬 수 있다는 교훈을 주었다.

1996년 말 김영삼 정권은 안기부법 · 노동법을 새벽에 기습적으로 날치기 개악 처리했다. 군사작전을 방불할 정도의 보안 속에서 지정된 숙소에서 대기하던 신한국당 의원들은 여당지도부의 지휘 아

노동자, 농민, 빈민 세력이 주도하는 대중적 진보정당 건설은 진보정치의
승리를 꿈꾸는 정치인에게는 포기할 수 없는 길이다.

래 새벽 동이 틀 무렵 국회로 진입한 뒤 채 몇 분도 되지 않아 법안
을 가결시켰다. 국회 노동악법 날치기 행위가 민주노총의 정치세력
화의 포문을 열게 되리라 아무도 짐작하지 못했다. 민주노총은 정권
의 노동악법 날치기에 맞서 1996~1997년 총파업 투쟁을 전개하였
고, 노동자가 직접 정치의 주체로 나서야 한다는 역사적 자각으로부
터 노동자 대통령 후보를 출마시켰다.

　1997년 봄, 민주노총에게 부여된 시대적 책무는 분명했다. 민주
노총은 1998년 5월 말 임시대의원대회를 개최해 "국민승리21을 확
대 재편해 노동자 중심의 진보정당 건설을 위해 적극 지원 연대한
다."는 결정을 내렸다. 한 번도 성공하지 못한 '노동자 정치세력화'의
대의를 맡아야 했고, 실패해서는 안 된다는 것을 알았기에 결정도

쉽지 않았다. 대선에서 높은 득표를 하지 못했지만 민주노총이 조직적 결의로 2000년 1월 역사적인 민주노동당을 창당하였다. 2004년 총선에서 10명의 국회의원이 당선되어 원내에 진출함으로써 노동자 정치세력화와 한국진보정당운동의 새로운 역사를 개척했다.

그러나 민주노동당이 쉽게 창당된 것도, 창당 이후 탄탄대로를 달려 원내 진출의 성과를 낸 것도 아니었다. 숱한 시련과 난관이 있었는데도 1980~90년대 성공하지 못한 민주노총이라는 조직된 노동자가 주도하고 그에 기반하여 진보정당을 건설했기에 가능한 일이었다.

민주노동당 창당 이후 처음 맞는 2000년 총선에서는 원내 진출 실패와 정당 등록 무효라는 시련과 쓰라린 패배를 맛보기도 했다. 시련과 난관에도 좌절하지 않고 진보정당을 재정비하여 2002년 지방선거와 2004년 총선에서 도약을 이루어낸 요인은 민주노총이라는 조직된 노동자가 책임있는 정치적 주체로 나서서 조직적으로 결의하고 진보정당 건설을 주도했기 때문이다. 만일 민주노동당이 이전의 진보정당처럼 상층 인사, 정파 활동가들이 주도한 정당이었다면 1997년 대선과 2000년 총선 이후 진보정치는 피어나지도 못한 채 시들고 말았을 것이다.

2012년 12월 6일 창당된 통합진보당은 '보수정당 양당 구도 혁파와 진보적 정권교체를 실현하기 위한 통합진보정당 추진'이라는 통합노선의 정당성에도 불구하고 민주노총의 충분한 이해와 지지를 이끌어내지 못하고 무리하게 선거공학적으로 추진되었다는 비판이 제기되었다. 이러한 문제점은 통합진보정당의 내부 정파 갈등과 분열에 이르는 일련의 과정에서 갈등을 증폭시켰다.

정당과 대중조직은 물고기와 물의 관계에 비유되곤 한다. 대중조직은 당의 대중적 기초이고, 기초가 튼튼하지 못하면 어려움에 봉착했을 때 흔들린다. 반면에 대중적 기초가 탄탄하여 노동자, 농민 등 광범위하게 조직된 대중의 힘을 발동할 수 있다면 난관에 부딪히더라도 어려움을 극복하기가 쉽다.

대중적 진보정당 건설의 역사적 경험은 민중의 정당을 표방할지라도 대중적 기반 없이 상층 인사와 일부 정파가 주도하여 진보정당을 건설할 때 어떤 한계를 갖는지 보여줬다. 대중적 기초가 부실한 진보정당은 사상누각에 다름 아니다.

종북연대 프레임 극복이 관건

새누리당이 상습적으로 쓰는 전략이 있다. 종북 프레임 전략이다. 새정치민주연합은 2012년 통합진보당과 연대, 연합하여 통합진보당의 국회 진출을 도왔으니 종북연대에 대해 사과하라고 정치공세를 펼친다. 새정치민주연합은 종북정당과 연대한 죄가 있는 것처럼 위축되고, 중도성향의 표가 달아날까 봐 몸을 사린다. 정면돌파만이 승리할 수 있는 길임을 모른 채 피하려 한다.

이재명 성남시장이 정면돌파의 좋은 사례이다. 정권의 무자비한 탄압과 정치 공세에도 국민들의 인기를 얻고 신뢰를 만들어가고 있다. 이 시장은 새누리당 종북공세에 대해 2012년 당시 민주노동당과의 정책연대와 후보단일화를 통해 야권연대를 했고, 당시의 야권

박근혜 정권에 의해 강제해산 당하기 전에 통합진보당 이정희 대표와
김미희 의원이 거리에서 촛불 시위를 하고 있다.

연합 정책은 민생을 살리는 훌륭한 정책으로 아무 문제가 없다고 맞
받아쳤다. 야권연대 전략은 단순히 선거에서 이기기 위한 전략이 아
니다. 이는 야권의 힘을 합쳐 부강한 자주 통일 국가를 만들어가는
길임을 당당히 선언하는 것이다. 이 과정에서 종북연대 프레임은 극
복할 수 있다.

'보수는 부패했지만 대체로 유능하고, 진보는 깨끗하지만 대체로
무능하다', '보수는 성장, 진보는 분배'라는 식의 근거 없는 가설이
광범위하게 전파됐다. 오히려 진보가 보수보다 분배와 성장을 동시
에 더 발전시킨다. 그러나 정반대의 프레임이 퍼져 있다.

참여정부 청와대 정책실장을 지낸 이정우 경북대 경제통상학부
명예교수는 지난 11월 20일 서울 서대문구 서소문로 월드컬처오픈

W스테이지에서 열린 퇴임 기념 강좌에서 '불평등 대한민국'에서 벗어날 길은 복지국가뿐임을 역설하면서 "미국 민주당 대통령이 분배를 개선하면서 성장도 잘한 반면, 공화당은 소득 성장도 형편없고 소득 양극화로 분배도 악화시켰다.", "한국에서도 비슷하게 될 가능성이 크다, 진보정당이 성장도 분배도 더 잘한다."고 밝혔다.

실제 우리나라 역대 대통령 최저임금 실질상승률을 비교했더니 보수 정부인 김영삼 대통령과 이명박 대통령 시기에는 3.1%, 1.4%에 그친 반면, 김대중 대통령과 노무현 대통령은 각각 5.5%, 7.7%로 훨씬 높았다고 발표했다.

2015년 4·29 재보궐선거 때 새누리당 선거전략은 지역경제발전론과 종북연대 분쇄, 두 가지였다. '경제는 새누리당'이라는 펼침막이 동네 곳곳에 나부꼈다. 지금도 새누리당의 필승 전략은 바로 민생경제 살리기와 종북연대 분쇄와 종북세력 활동의 원죄 공개사과이다. 이 프레임을 깨야 한다. 종북세력이 어디 있느냐며 정면돌파 전략을 채택하고, 야권이 더 강하게 연대해야 선거에서 이긴다.

2016년 총선에서 종북 프레임을 깨고 승리하면 2017년 대선의 희망은 더 밝아질 것이다. 박근혜 정권은 2013년에 이석기 의원 내란음모(조작)사건, 2014년 헌법재판소의 통합진보당 해산을 강행하며 종북프레임을 더욱 강화하였다. 2010년과 2012년, 진보정당과 선거연대를 한 제1야당을 좌파정당이나 '종북숙주정당'이라고 몰아붙일 근거를 만들어낸 것이다. 그러나 우리 국민들이 진실을 하나하나 발견하고 법치주의를 무시한 독재정권식 법란이라는 사실을 확인한 뒤에는 야성을 발휘하는 정치에 폭풍처럼 지지를 모아 준다.

종북프레임을 깨는 방법은 진보진영 어떤 정치세력도 배제하지 않는 야권연대를 과감하게 추진하는 것이다.

2012년 대선 때 박근혜 후보가 약속한 세대 맞춤형 정책은 진보 정책에서 배우고 벤치마킹한 것이다. 새누리당과 새정치민주연합의 정책노선은 비슷해졌다. 진보정당과 진보진영이 차별성을 보여주어야 한다. 야권의 정치인 누구라도 진보적 가치를 확실히 보장하는 정책을 수립하고 추진하면 야권 전체의 신뢰를 회복할 수 있다. 갑자기 시대의 과제를 해결하는 리더십을 발휘하는 진보정치인이 나타날 리 없다. 야권의 인물과 정책에 대한 신뢰는 야권의 통일단결에서 출발함을 잊지 말아야 한다.

민주 진보는 분열하면 끝장

2015년 4·29 보궐선거는 핵심지지자들만 투표에 참여하는 선거였다. 새누리당 신상진 후보가 50% 넘게 득표하였다고 다음 선거에서 야권 승리가 불가능한 것은 아니다. 야권분열로 야권 지지층이 투표장으로 오지 않았고, 냉소적 반응을 보인 결과였기 때문이다.

야권이 야권 지지층에게 역동적인 희망의 정치를 보여주지 않는다면 2016년 총선은 전국적으로 필패이다. 호남 유권자 32%만이 내년 총선에서 새정치민주연합 후보를 찍겠다는 여론조사가 보도되었다.(《한겨레》 12월 18일 여론조사) 야권단일화에 대한 관심은 야권 후보가 단일화하는 것이 좋다는 의견이 야권 후보가 단일화하지 않는 것이 좋다는 의견의 세 배에 가깝다. 야권 후보가 단일화하는 문제에 관심 없다는 층도 감동적이고 역동적인 야권연대를 추진하면 일정 정도 야권 후보에게 돌아서게 된다. 보수는 부패해도 살아남지만 민주 진보는 분열하면 끝장난다. 야권연대와 후보단일화 어떻게 무엇을 가지고 추진할 것인가? 전략이 필요한 시대이다.

2015년 12월 3일 새벽, 국회에서 모처럼 반가운 소식이 날아들었다. 지방자치단체가 공공산후조리원을 추진할 수 있는 법적 근거가 되는 '모자보건법 개정안'이 국회를 통과한 것이다. 이는 성남시민의 승리이며 무상교육, 무상급식, 공공산후조리원 등 무상복지 정책의 시작을 알리는 것이다.

지리멸렬한 보수야당, 존재감 없는 진보정치세력

야권이 연대하지 못하고 4·29 재보궐선거가 끝났다. 새누리당은 광주를 제외하고 세 석을 얻었고, 새정치민주연합은 '아성'이라는 서울 관악을과 광주 서구을에서 한 석도 얻지 못했다.

애초 고전할 것이라 예상했던 새누리당이 완승했다. 선거를 앞두고 터진 '성완종리스트'로 친박 핵심들이 불법 정치자금을 받은 사실이 드러나 새누리당은 심각한 위기에 몰렸다. 그러나 새누리당은 '물타기'로 대응하며 위기에서 빠져나왔다.

새정치민주연합은 '야권연대는 없다'며 야권연대를 부정하는 입장에 서서 선거를 치렀다. 그러나 야권의 분열을 무기력하게 방치한 민심의 평가는 냉정했다. 정당과 정책을 달리하는 야권 정치세력이 야권연대를 할 수 있는 것은 노동자와 농민, 민주와 복지, 진보와 개혁, 평화를 원하는, 그래서 현 정권의 실정을 심판해 주길 바라는 유권자들의 강한 염원이 있기 때문이다.

야권연대는 야권의 총선 승리와 정권교체를 위한 전략이고 발전시켜야 할 연합정치의 정수이다. 민주주의를 후퇴시키고, '1% 대 99%'의 양극화를 심화시키며, 한국 사회를 70~80년대로 되돌려놓은 보수세력에 대해 민의를 모아 심판하자는 굳은 약속이다. 야권연대는 범야권 세력의 깊은 성찰을 토대로 국민의 동의와 감동을 얻을 수 있어야 한다. 힘 있는 야권 세력이라고 소수정당이나 무소속 후보 사퇴를 일방적으로 요구하고 압박하는 행위로는 감동 있는 야권연대가 어렵다. 선거 공멸을 초래할 뿐이다.

4·29 보궐선거를 통해 확인되듯이 시대는 정권에 맞서 싸우는 선명야당을 갈망하고 있다. 보수야당은 지리멸렬하고 진보정치세력은 존재감이 없어 대안세력이 되지 못했다. 진보당 해산 뒤 보수 양당체제로는 더 이상 99% 서민의 정치적 요구와 일하는 사람들의 희망을 담아낼 수 없음이 입증되었다. 해산결정 후 우리 사회의 소수자를 대변하고 정부를 강력하게 비판하는 정당이 없어짐에 따라 '민주적 기본질서'가 확립되기는커녕 급격히 무너지고 있다. 이른바 '종북'공세 융단 폭격을 맞아서 새는 좌우로 날지 못하고, 운동장의 반쪽은 강제로 폐쇄되었다. 이념적 스펙트럼의 다양성은 실종되어 버렸다.

2011년 12월 진보정치의 새로운 도약을 꿈꾸며 통합진보당이 출범하였다. 그러나 2014년 12월 헌법재판소에 의해 강제로 해산 당했다. 해산되기 전 일부가 탈당하여 만든 정의당은 '헌법 안의 진보'를 표방한 채 명맥을 유지하고 있다. 정의당은 노동자, 농민, 빈민이

민주시민들은 박근혜 정권, 새누리당에 반대하는 모든 진보개혁세력이
2016년 총선에서 야권연대와 후보단일화를 하고 여소야대 국회를 만들
어 새누리당을 강력하게 견제하기를 바라고 있다.

주도하여 만든 진보정당이 아니다. 민주노총이 결정하여 2000년에
건설했던 민주노동당을 계승한 통합진보당의 해산으로 노동자 정치
세력화의 1막이 내려졌다.

　진보개혁세력은 노동자 정치세력화 과정에서 겪었던 '각 정치세력
의 차이를 인정하고 분열이 아닌 단결을 중심으로 정당을 운영하지
못한' 시행착오를 극복해야 한다. 거대 양당체제로 대변되는 낡은 정
치구조를 타파하고, 한국 정치의 패러다임을 혁신하며 진보정치의
새로운 활로를 개척해야 한다. 이런 조건을 갖춰야 야권의 단결을 추
동하고 독자성을 높여낼 수 있다. 야당은 정권의 무능과 실정, 분열
로 국민들에게 실망만 안겨주고 있다. 국민의 희망이 되어야 할 야당

은 국민의 걱정거리가 되고 있다.

　기아차 비정규직 노동자가 법원의 정규직 전환 판결을 이행하라며 구 국가인권위 옥상 광고판에서 2백 일 넘게 고공농성을 하고 있다. 밥쌀용 쌀 수입으로 쌀값이 폭락하고 농민들이 빚더미에 오르고 있다. 한중FTA로 이제 무슨 농사를 지을지 막막하다. 청소년들이 성적 압박과 왕따로 죽어가고, 대학생들이 등록금을 마련하지 못해 절망하며, 청년들은 일자리를 찾지 못해 거리를 헤매고 있다. 골목 슈퍼, 자영업자와 재래시장 상인들은 재벌의 대형 마트 때문에 문을 닫고 있다. 국민이 반대를 해도 대통령이 역사교과서의 국정교과서 전환을 강행하고 있다. 전대미문의 국가적 재난인 세월호 사건의 진실이 묻히고 있다. 이런 문제를 해결하려면 노동자, 농민, 서민이 정치의 주인으로 나서야 가능하다.

국민은 야권연대와 후보단일화 원해

　노동자를 대변하는 민주노총 위원장이 해고를 쉽게 하는 노동개악을 막아내겠다며 조계사에서 10여 일간 단식농성을 했다. 이 과정에서 국가 권력의 탄압을 받을 때 함께 투쟁하는 국회의원이 하나도 없는 현실을 지켜보며 진보정치, 진보정당의 필요성을 새삼 깨달았다. 광화문 광장의 문화제에서 사회자가 '집회'라고 발언했다는 이유로 아무런 위법 행동을 하지 않은 농민 대표를 사법처리 하겠다고 해도 농민을 대변하여 싸우는 국회의원이 없다. 청년들의 희망을 만들 청년수당 정책을 정부 여당이 복지 포퓰리즘이라고 왜곡하여 정치공세를 펼쳐도 제대로 방어하는 국회의원이 없다. 저출산 문제를 해결하고 의료공공성을 높이기 위해 추진하는 성남시의 공공산후조리원 정책을 정부가 방해할 때 이에 맞서 싸우는 국회의원이 아쉽다. 그래서 노동자, 농민, 서민의 삶을 지키는 진보 국회의원이 국회에 꼭 들어가야 한다.

국민들은 야당의 어떤 모습을 바랄까? 진보세력이 어떻게 행동할 때 전폭적인 지지를 보낼까? 국민들은 박근혜 정권, 새누리당에 반대하는 모든 세력이 2016년 총선에서 야권연대와 후보단일화를 하고 여소야대 국회를 만들어 정권과 새누리당을 강력하게 견제하기를 바라고 있다. 야권 후보단일화의 선결 과제인 정책연대를 통해 노동자, 농민, 서민에게 진심으로 다가설 수 있는 정책을 제시하기 원한다. 선거운동 과정에서 야권 정치세력 간의 차이를 서로 인정하면서도 단결하는 모습을 보여주길 기대한다. 야권이 힘을 모아 공동선본이나 공동선대위를 만들고, 공동유세 하기 원한다. 이럴 때 비로소 국민은 진보개혁세력에 감동하고 아낌없는 지지를 보낼 것이다.

"중화작용의 여유로움 지녀야"

아랫글은 2004년 민주노동당 성남 수정구 국회의원 출마를 준비할 때 어머니께서 이메일로 보내주신 편지글이다. 어머니는 그때 처음으로 이메일 보내는 것을 배우셨다.

어머니의 기도

나는 이제 더 이상 김미희의 발목을 잡지 않으려고 한다.

그동안은 김미희가 가는 길이 험난하고 아득해서 내 마음을 아프게도 했으며 안타깝게도 했지만 언제부터인가 나는 내 마음을 스스로 비우고 바꾸기로 했다.

본인이 좋아서 신념을 갖고 가고자 하는 길이라면 나는 이제 편안한 마음으로 현실을 인정하기로 했으며, 다행히 나에게 능력이 있으면 자연스럽게 힘이 되어줄 것이며, 힘이 되지 못한 부분은 본인의 운명에 맡겨 모든 일이 순조롭게 잘 풀려서 뜻을 이루어 나가기를 기도하며 살기로 했다.

이렇게 마음을 정리하고 욕심을 비우고 나니 오히려 마음에 여유로움도 생기고 기도하는 마음이 있으니 김미희가 하는 일들도 객관적인 눈으로 보이기 시작한다. 해서 몇 자 띄운다.

선거 때마다 든든한 후원자 역할을 한 김미희 전 의원의 부모님은 직접 발로 뛰며 선거운동을 하기도 한다.

나의 딸 김미희에게

1. 이제부터는 감상적이고 지나치게 솔직하고 순진한 과거 이야기는 되도록 삼간다. 꼭 답변이 필요하다면 객관적인 입장에서 긍정적이고 여유 있고 유머러스하게 답변하는 연습을 해두자.

2. 뱃심을 두둑하게 기른다. 허리를 쫙 펴고 얼굴에는 웃음을 담고 여유 있는 표정과 자신감과 긍정적인 생각을 갖는다. 매사에 긍정적인 사고방식을 갖는다면 여유로움도 생기고 자신감도 생기므로 좋은 카리스마를 갖게 해준다.

3. 국회의원 출마는 모든 대중, 다양한 대중의 지지가 반드시 필요하다. 진보정당의 지지만으로는 너무 힘들다.

어떻게 극복할 것인가?

어떠한 경우에서도 조급함은 금물!!

긴 안목을 바라보고 여유로움을 갖는 것은 필수!!
자주·평등·정의, 골고루 잘 사는 사회, 깨끗한 정치를 기본 슬로 건으로 내세울 것.
굳이 세상을 바꾸겠다는 순진하고 허황되고 오만한 사고방식을 장황하게 내세우지 말 것. 절대금물!!!
현실과 대중과의 괴리감이 생기는 발언은 좋은 호응을 얻지 못하며 현실감 없는 순진함으로 매도당한다.
김미희! 뜻을 이루기 위해서는 마음속에 담아두고 표현하지 않는 중화작용의 여유로움도 지닐 줄 알아야 한다.
김미희는 반드시 그 중화작용이 필요하다. 연설이나 발언할 때는 여유와 김미희 특유의 유머감각을 살려 대중을 끌어나가는 매너를 갖도록 해라.

나는 지금도 기억하고 있다.
처음 시의원에 출마했을 때 여유 있는 태도와 재치 있는 유머감각으로 청중들의 시선을 압도해버린 카리스마를 보았다.
이모와 나는 말했다.
물고기가 물을 만났다!!!!!

2003년 11월 30일
김미희를 위한 어머니의 기도